高等院校教育管理与实践研究

傅曦　张舒敏　著

中国商务出版社
·北京·

图书在版编目（ＣＩＰ）数据

高等院校教育管理与实践研究 / 傅曦，张舒敏著
. -- 北京：中国商务出版社，2023.12
ISBN 978-7-5103-5022-1

Ⅰ．①高… Ⅱ．①傅… ②张… Ⅲ．①高等学校—教育管理—研究 Ⅳ．①G640

中国国家版本馆CIP数据核字(2023)第250228号

高等院校教育管理与实践研究

GAODENG YUANXIAO JIAOYU GUANLI YU SHIJIAN YANJIU

傅曦　张舒敏　著

出　　　版：中国商务出版社
地　　　址：北京市东城区安外东后巷28号　　邮　编：　100710
责任部门：发展事业部（010-64218072）
责任编辑：周青
直销客服：010-64515210
总 发 行：中国商务出版社发行部（010-64208388　64515150）
网购零售：中国商务出版社淘宝店（010-64286917）
网　　　址：http://www.cctpress.com
网　　　店：https://shop595663922.taobao.com
邮　　　箱：295402859@qq.com
排　　　版：北京宏进时代出版策划有限公司
印　　　刷：廊坊市广阳区九洲印刷厂
开　　　本：710毫米×1000毫米　　1/16
印　　　张：16.5　　　　　　　　　　字　数：278千字
版　　　次：2023年12月第1版　　　　印　次：2023年12月第1次印刷
书　　　号：ISBN 978-7-5103-5022-1
定　　　价：79.00元

前　言

在现代社会，高等院校的教育管理与实践不仅关系到个体的学业发展，更涉及国家的人才培养和社会的发展。随着社会经济和科技的飞速发展，高等教育面临着新的机遇和挑战。教育管理者需要不断更新理念、创新方法，以适应时代的发展。

高等教育是培养人才、传递知识、促进社会进步的重要渠道。教育管理在这一过程中扮演着重要的角色。现代高等教育管理既需要保证教学质量，又要关注学生的全面成长。同时，高校作为社会的一部分，其管理与实践也需要更多地关注社会的需求和发展方向。

在社会变革的大背景下，高等教育管理者需要面对来自全球化、信息化等多方面的挑战。高校的使命不仅仅是传授知识，更是培养具备创新能力、批判性思维和团队协作能力的未来领导者。因此，教育管理的现代化变得尤为迫切和重要。

通过深入研究高等院校教育管理与实践，我们有望为高等教育管理者提供更为深刻的管理和实践的指导，促使高校管理更好地适应时代发展的需求，为培养更全面、更具创新力的人才贡献力量。

目　录

第一章　高等教育概述

第一节　高等教育的意义与任务

一、高等教育的社会价值

高等教育，作为教育的重要组成部分，对社会的发展和人才培养发挥着重要作用。高等教育旨在培养应用型、技能型人才，为社会提供更多的专业技术人员。本部分将深入探讨高等教育的社会价值，从多个角度分析其对社会经济、劳动力市场、社会和谐等方面的积极贡献。

（一）为社会经济发展培养应用型人才

1. 满足市场需求

高等教育紧密结合市场需求，开设与实际产业密切相关的专业课程，培养适应市场就业需求的应用型人才，从而有力地支持社会经济的发展。

2. 提高就业率

高等教育注重学生职业技能的培养，使毕业生更容易适应职场需求，提高其就业率，从而促进社会的稳定和可持续发展。

（二）助力劳动力市场的供给

1. 弥补技能型劳动力短缺

高等教育着眼于培养技能型劳动力，弥补了社会对技术工人、操作人员等专业人才的短缺，为劳动力市场提供了更多的人才资源。

2. 提高劳动力素质

高等教育注重实践和实习环节，使学生在校期间能够获得实际工作经验，提高了劳动力的素质，使其更具竞争力。

（三）促进社会和谐发展

1. 打破职业壁垒

高等教育提供了更多通往技术领域的途径，帮助更多人获得技能和知识，有助于打破职业壁垒，促进社会各阶层的融合。

2. 增加社会公平

通过提供平等的高等教育机会，高等教育有助于减小不同社会阶层之间接受教育的差距，增加社会的公平性，促进社会的和谐发展。

（四）培养创新型人才，推动产业升级

1. 强调实践与创新

高等教育注重实践教学，培养学生的动手能力和实际解决问题的能力，有助于培养更多具有创新精神的人才。

2. 服务产业升级

毕业生在实际工作中运用所学知识，促进产业创新和升级，为社会提供更具竞争力的产业支持。

（五）推动高等教育国际化，提升国家软实力

1. 引入国际化教育资源

高等教育在培养应用型人才的同时，引入国际化的教育资源，提高学生的国际视野，使其更好地适应全球化的就业环境。

2. 提升国家软实力

高等教育的国际化有助于提升国家软实力，增加国际社会对我国高等教育水平的认可度，促使更多国际学子选择我国高等院校。

（六）面临的挑战与应对策略

1. 专业设置与产业需求不匹配

挑战：某些高等院校的专业设置与实际产业需求不完全匹配。

应对：建立与产业对接的信息反馈机制，定期调整专业设置，确保教育内容符合市场需求。

2.社会对高等教育认知不足

挑战：一些社会成员对高等教育的认知仍停留在传统观念中，存在对高校毕业生的刻板印象。

应对：加强宣传，通过各种渠道解释高等教育的社会价值，推动社会认知的更新。

3.师资队伍结构和水平不齐

挑战：一些高等院校师资队伍结构和水平不够均衡。

应对：加大对高等院校师资的培训力度，引入更多实际工作经验丰富的专业人士，提高整体师资水平。

高等教育作为培养技术技能人才的重要途径，在社会经济、劳动力市场、社会和谐等方面发挥着积极的作用。高等教育的社会价值体现在为社会经济发展培养应用型人才、助力劳动力市场的供给、促进社会和谐发展、培养创新型人才、推动高等教育国际化等多个方面。然而，高等教育面临的挑战也不可忽视，需要通过与产业深度合作、国际交流、创新课程设置等方式逐步解决。

未来，随着社会的不断发展和科技的进步，高等教育将继续在培养实用型人才、推动产业创新、服务社会需求等方面发挥更为重要的作用。政府、高校、产业界等多方应共同努力，不断完善高等教育体系，提升教育质量，以更好地适应社会的发展需求，为构建创新型国家和人才强国做出更大的贡献。

二、高等教育的经济贡献

高等教育作为高等教育的重要组成部分，以培养实用型、技能型人才为目标，对促进经济社会的发展具有重要意义。本部分将从经济领域的贡献，从就业、产业升级、经济增长等多个层面深入探讨高等教育。

（一）创造大量就业机会

1.提高就业率

高等教育着力培养学生实际应用技能，使其更容易适应市场就业需求。通过开设与实际产业相关的专业课程，高等教育为学生提供了更为实用的职业技能，增加了其在职场上的竞争力，进而提高了就业率。

2. 缓解劳动力短缺

高等教育注重培养技术工人、实用型专业人才，为社会提供了更多的技能劳动力。这有助于缓解劳动力市场中技能短缺的问题，满足市场对技术工人的需求，推动产业的持续发展。

（二）促进产业结构升级与创新发展

3. 提供实用技能支持

高等教育注重实际操作和实践经验的培养，为各类产业提供了丰富的实用技能支持。毕业生在工作中能够迅速适应并运用所学知识，推动了产业结构的升级。

4. 创新能力的培养

通过实践性的教学和实习环节，高等教育培养出更具实际创新能力的人才。这不仅对各行各业的创新提供了人才支持，也推动了产业的技术创新和发展。

（三）助推经济增长

1. 提升劳动生产率

毕业生具备实用性强的职业技能，能够更迅速地适应工作环境，提高劳动生产率。这对企业的生产效益和经济的整体增长具有积极的推动作用。

2. 增加创业活力

高等教育培养学生实际操作能力，提供创业课程和实践机会，鼓励创新思维。通过创业教育，一些毕业生能够积极投身创业，为经济发展注入新的活力。

（四）提高人力资本投资回报率

1. 降低人力资本投资成本

相较普通本专科教育，高等教育的学制相对较短，学费较低。这可以降低人力资本的投资成本，使更多的学生能够接受高质量的高等教育。

2. 提高毕业生就业质量

高等教育紧密结合市场需求，注重培养实际应用能力，使毕业生更容易在职场上找到符合自身专业和兴趣的岗位，提高了就业质量，进而提高人力资本投资的回报率。

（五）促进社会经济效益的可持续发展

1. 提升社会收入水平

通过高等教育培养更多技能型人才，增加了劳动力市场的供给，使得社会整体的收入水平得以提升。这有助于缓解社会的收入差距问题。

2. 促进社会稳定

高等教育为更多人提供了获得稳定职业和相对较高收入的途径，有助于社会的稳定。通过提供实用的职业技能培养，高等教育为社会创造了更多的就业机会，减轻了社会的就业压力。

高等教育作为一种高等教育形式，对社会经济的发展有着显著的贡献。通过提供实际应用技能培养、创造就业机会、促进产业结构升级、推动经济增长等多方面的作用，高等教育为社会提供了大量的实用型人才，为经济的可持续发展提供了有力支持。

然而，高等教育仍然面临一系列挑战，需要政府、高校、企业等多方共同努力。通过深化产教合作、强化师资培训、提高社会认知度等方式，可以更好地发挥高等教育的经济价值，推动其不断适应经济发展的需要。在全社会的关注和支持下，高等教育有望在更大范围内发挥其潜在的作用，为培养更多高素质技术人才和促进社会经济的可持续发展做出更大的贡献。

三、高等教育的人才培养任务

高等教育作为我国教育体系中的重要组成部分，在人才培养方面具有独特的任务和责任。随着社会经济的不断发展和科技的不断进步，高等教育的人才培养任务也愈加繁重而且复杂。本部分将从多个角度探讨高等教育的人才培养任务，以期为高等教育的发展提供有益的思考和建议。

（一）背景介绍

1. 高等教育的定位

高等教育是指面向中等高等教育水平，培养应用型技能人才的教育阶段。相较普通本专科教育，高等教育更注重对实际职业技能的培养，为社会提供具有一定职业素养和实际操作能力的劳动力。

2.高等教育的发展趋势

随着社会对专业技能人才的需求不断增长，高等教育在我国的地位逐渐凸显。政府对高等教育的支持力度也在不断加大，高等院校逐渐走向多元化、专业化发展。

（二）高等教育的人才培养目标

1.培养应用型人才

高等教育的首要任务是培养具备实际应用能力的人才，使其能够迅速适应职业需要，为社会经济的发展提供有力支撑。

2.培养创新精神

在培养应用型人才的基础上，高等教育应注重培养学生的创新精神和实践能力。创新是推动社会进步的重要动力，高等教育要培养学生在职业领域中具备创新思维和实践能力。

3.培养综合素质

除了专业技能，高等教育还应注重培养学生的综合素质，包括语言表达能力、团队协作能力、领导才能等。这些素质将在学生未来职业发展中发挥重要作用。

（三）高等教育的人才培养策略

1.专业设置与实际需求的对接

高等教育应根据社会实际需求，合理设置专业方向，确保培养的人才能够迅速融入社会职业生活，解决市场对应用型人才的需求缺口问题。

2.实践教学的强化

为了更好地培养应用型人才，高等教育应当加强实践教学，将理论知识与实际操作相结合，提高学生在职业领域中的实际操作能力。

3.产学合作的深化

高等教育机构应积极与企业进行深度合作，通过校企合作项目，使学生在校期间就能接触到真实的职业环境，从而更好地适应其未来的职业发展。

（四）高等教育的未来展望

1. 与时俱进，不断更新课程

随着科技的飞速发展和社会需求的不断变化，高等教育应不断更新课程内容，保持与时俱进，确保培养出的人才具备最新的职业技能。

2. 推动国际交流与合作

高等教育应积极推动国际交流与合作，引进国外先进的教育理念和技术，提升高等教育的国际竞争力，为我国培养更多具有国际视野的应用型人才。

高等教育在人才培养任务上承担着重要的社会责任，其发展与改进将直接影响到社会的进步和经济的发展。通过合理设置目标、采取有效策略以及不断创新，高等教育可以更好地满足社会对应用型人才的需求，为国家的可持续发展做出更大的贡献。希望在未来的发展中，高等教育能够更好地适应社会的变化，不断提高人才培养的质量和水平。

第二节　高等教育的方法与构想

一、创新性教学方法在高等教育中的应用

（一）概述

1. 背景

随着社会的不断发展和科技的迅速进步，高等教育面临着新的挑战和机遇。为了培养更具创新力和实际操作能力的人才，创新性教学方法逐渐成为高等教育中备受关注的焦点。

2. 目的

本部分旨在探讨创新性教学方法在高等教育中的应用，深入剖析其对学生学习效果和综合素养的影响，以及如何更好地推动高等教育朝着创新和实用的方向发展。

（二）创新性教学方法的概念与特点

1. 创新性教学的概念

创新性教学是指在传统的教学框架下引入创新元素，通过新颖的教学手段和方式，激发学生的创造力和学科兴趣，培养学生的综合素养。

2. 创新性教学的特点

强调学生参与：创新性教学强调学生的主体地位，通过积极参与课堂活动，培养学生的主动学习意识。

多元化教学手段：采用多样的教学手段，包括案例分析、团队合作、实践项目等，以提升学生的实际动手能力。

引导思辨与创造：鼓励学生进行思辨和创造性思考，培养其解决问题的能力，而非仅仅死记硬背知识。

（三）创新性教学方法在高等教育中的应用

1. 项目式学习

项目式学习是一种强调实际应用的教学方法，通过学生参与真实项目，解决实际问题，提高学生的实际操作能力。在高等教育中，可以将课程内容与实际项目相结合，让学生在项目中学习理论知识，并将其应用到实践中。

2. 创客教育

创客教育注重培养学生的创造性和实践能力，在高等教育中可以设置创客实验室，提供学生自主实践的机会，鼓励他们动手实践，设计和制作自己的作品，从中培养其解决问题的能力和团队协作意识。

3. 案例教学

通过案例教学，将实际案例引入教学过程，使学生在分析和解决实际问题的过程中，更好地理解和掌握专业知识。案例教学能够培养学生的实际应用能力，提高他们的问题解决能力。

4. 虚拟仿真技术

利用虚拟仿真技术，可以为高等教育提供更真实的实践环境，如虚拟实验室、虚拟企业等，让学生在虚拟环境中进行实际操作和实验，提高其实际动手能力。

（四）创新性教学方法的挑战与对策

1. 教师培训与素养提升

教师在应用创新性教学方法时，需要具备相应的教学理念和技能。因此，高等教育机构应加强对教师的培训，提高其创新性教学素养。

2. 课程设计的整合性

创新性教学方法通常需要跨学科、跨专业的整合，因此需要高等教育机构重新设计课程，强调专业知识与实践技能的有机结合。

3. 学生参与度的提高

创新性教学强调学生的主体地位，而学生的积极参与需要创设良好的学习氛围。高等教育应通过激励机制、奖学金等方式，提高学生对创新性教学的积极性。

（五）结论与展望

1. 结论

创新性教学方法在高等教育中的应用有助于培养更具实际应用能力和创新思维的人才，提高学生的综合素养。各种创新性教学方法的应用，为高等教育的改革与发展提供了新的思路和途径。

2. 展望

未来，高等教育机构应不断尝试新的创新性教学方法，通过实践和总结经验，形成更适合高等教育特点的创新性教学模式。同时，政府和企业应提供更多的支持，共同推动高等教育朝更加创新和实用的方向发展。

在未来的发展中，高等教育可以考虑采取以下几个方面的进一步措施：

3. 加强产学研合作

深化高等教育与产业界的合作，建立更紧密的联系，使教学内容更符合实际职业需求。通过与企业的深度合作，教师可以更好地了解当前行业的发展趋势，为教学内容的更新和调整提供有力支持。

4. 引入信息技术

充分利用现代信息技术，如虚拟现实（VR）、人工智能（AI）等，将创新性教学方法与科技手段相结合，创造更具前瞻性和吸引力的教学场景。通过在线学习、远程实践等方式，拓宽学生的学习渠道，提高教学的灵活性和适应性。

5. 建立评价体系

建立与创新性教学方法相适应的全面评价体系，不仅注重学生的知识掌握程度，而且要考量其实际应用能力、团队协作能力以及创新思维等方面。通过多元化的评价方式，更全面地了解学生的学习状况，为其个性化发展提供更有针对性的指导。

6. 国际交流与合作

促进高等教育的国际化发展，加强与国际先进高等教育机构的交流及合作。通过引入国际化的教学理念和资源，丰富教学内容，从而拓展学生的国际视野。

在未来的高等教育发展中，创新性教学方法将扮演着重要的角色。通过深入探索、实践和总结经验，高等教育可以更好地适应社会的变化，为培养更具实际应用能力和创新精神的人才做出更大的贡献。

高等教育的发展离不开对教学方法的不断创新与优化。创新性教学方法在其中扮演着推动力的角色，为培养更加适应社会需求的人才提供了新的途径。高等教育机构、教师和学生都应积极参与和推动创新性教学方法的应用，共同促进高等教育的繁荣和发展。在高等教育参与各方共同的努力下，可以期待高等教育可以培养更多优秀的人才，为社会和经济的可持续发展注入更多活力。

二、实践性教学构想与实施

（一）概述

1. 背景

实践性教学是一种注重学生动手操作和实际应用的教学方法，强调将理论知识与实际情境相结合，旨在提高学生的实际操作能力和解决问题的能力。在高等教育中，实践性教学具有重要的地位，是培养应用型人才的有效途径。

2. 目的

本部分旨在探讨实践性教学的构想与实施，深入剖析如何设计和组织实践性教学活动，以提高学生的实际操作能力、团队协作能力以及问题的解决能力。

（二）实践性教学的概念与特点

1.实践性教学的概念

实践性教学是一种强调学生亲身参与、实际动手的教学方法。它通过模拟真实情境、实际操作任务等手段，使学生能够在实际问题中学习、思考和解决问题。

2.实践性教学的特点

学生参与度高：实践性教学强调学生的主动参与，通过实际操作来深化其对知识的理解。

知识应用性强：实践性教学注重培养学生实际应用能力，使其能够将理论知识应用到实际工作中。

团队协作能力：实践性教学常以团队为单位进行，培养学生的团队协作和沟通能力。

（三）实践性教学的构想

1.项目式学习

设计基于实际项目的学习任务，通过团队协作完成项目。例如，在计算机专业中可以设计一个软件开发项目，让学生实际参与并负责不同模块的开发。

2.实习与实训

积极与企业合作，为学生提供实习机会，让其在真实职场环境中学习与实践。同时，通过实训课程模拟实际工作场景，加深学生对专业知识的理解。

3.制订实际问题解决方案

通过提供实际问题，引导学生分析问题、制订解决方案，并在实际操作中验证其可行性。例如，在电子工程专业中可以提出一个实际电路问题，让学生设计并验证解决方案。

4.跨学科项目

设计跨学科的项目，让不同专业的学生协作完成任务，促进不同领域知识的交叉融合。例如，在建筑设计项目中，既需要建筑专业的知识，也需要土木工程专业的知识。

（四）实践性教学的实施

1.教学资源准备

确保有足够的实践性教学资源，包括实验室设备、实际项目资料、企业合作渠道等。同时，为学生提供必要的指导和支持，确保他们能够充分参与实践活动。

2.制订详细的实践计划

在教学计划中明确实践性教学的目标、任务和时间安排。确保学生在实践中能够全面地掌握相关知识和技能。

3.提供实时反馈机制

建立实时反馈机制，通过教师评估和同学评价等方式，及时了解学生在实践中的表现，为他们提供指导和改进建议。

4.强化团队协作

通过分组、合作项目等方式，培养学生的团队协作能力。教师可以设立小组任务，让学生通过协作解决实际问题，提高团队合作意识。

（五）实践性教学的效果评估

1.制定评估标准

明确实践性教学的评估标准，包括实际操作能力、问题解决能力、团队协作能力等方面。评估标准应具体、可衡量，为学生提供清晰的发展方向。

2.多元化评估手段

采用多元化的评估手段，包括实际项目成果展示、实习报告、团队评价等，全面了解学生在实践中的表现。

3.学生自评与反思

鼓励学生进行自我评价和反思，通过自我认知，更好地了解自己在实践中的成长和不足，提高自主学习能力。

（六）挑战与对策

1.资源不足

挑战：实践性教学需要大量的教学资源和设备支持。

对策：争取更多教学资源的支持，与企业建立深度合作，共享实践场地和设备，以确保实践性教学的顺利实施。

2. 课程整合难度

挑战：将实践性教学与传统课程有机整合，确保学生既能获得实际操作经验，又能理解相关理论知识。

对策：制订详细的课程整合计划，确保实践性教学与理论课程相互补充，形成有机的知识体系。加强教师之间的协作，促进不同课程之间的衔接。

3. 评估标准的制定

挑战：制定科学、客观、可行的实践性教学评估标准。

对策：教师团队应通过专业研讨，结合实际情况，共同制定全面而具体的评估标准。可以邀请企业专业人士参与评估标准的制定，以保证评估的专业性和实用性。

（七）实践性教学的未来展望

1. 教育科技的融合

借助先进的教育科技手段，如虚拟现实、在线实验室等，进一步提升实践性教学的效果，拓展学生的学习体验。

2. 跨学科创新

推动实践性教学向跨学科方向发展，鼓励不同专业学生间的跨学科合作，培养更具综合素养的人才。

3. 社会实践拓展

加强与社会的联系，将社会实践纳入实践性教学计划中，让学生更深入地了解社会需求，提高其服务社会的能力。

4. 在线实践平台建设

建设在线实践平台，为学生提供更多的实践机会，突破地域限制，提高实践性教学的普及度和可及性。

实践性教学是高等教育中一种不可或缺的教学模式，它旨在培养学生的实际操作能力、团队协作意识和问题解决能力。通过认真构想和科学实施实践性教学，高等教育能够更好地满足社会对应用型人才的需求，提高毕业生的竞争力。未来，随着科技的不断发展和社会需求的变化，实践性教学将继续迎来新的机遇和挑战。高等教育机构、教师和学生应共同努力，不断探索创新，使实践性教学更好地适应时代发展的需要。通过持续改进和完善，实践性教学将为培养更优秀、更具创新力的毕业生做出更大的贡献。

三、科技手段在高等教育中的角色

（一）概述

1. 背景

随着科技的迅速发展，科技手段在各行各业中的应用越来越广泛，高等教育作为培养实用型人才的重要阶段，也逐渐受到科技的影响。科技手段在高等教育中的应用，不仅可以提升教学效果，还能够更好地满足学生和社会的需求。

2. 目的

本部分旨在探讨科技手段在高等教育中的角色，深入分析其对教学、学生发展以及教育管理等方面的影响，以期为推动高等教育的现代化发展提供有益的思考和建议。

（二）科技手段在高等教育中的应用领域

1. 教学内容创新

科技手段为高等教育注入新的教学理念和手段。通过多媒体教学、虚拟实验室、在线教学平台等，可以更生动地呈现课程内容，激发学生学习兴趣，提高知识的吸收和理解效果。

2. 实践性教学增强

科技手段为实践性教学提供了强大的支持。通过模拟软件、虚拟实境等技术，学生能够在虚拟环境中进行实际操作，提高实际动手能力。另外，在线实验平台也能够让学生在任何时间、地点进行实验，增加了实践机会。

3. 个性化学习

利用人工智能、大数据等技术，个性化学习成为可能。根据学生的学科兴趣、学习风格和水平，通过智能化教学系统提供个性化的学习路径和资源，满足不同学生的需求，提高学习效果。

4. 教学管理与评估

科技手段在教学管理和评估方面发挥了重要作用。学校管理系统、在线评估工具等能够提高教学管理的效率，使教务工作更加便捷。采用在线考试、智能评价系统等技术，将有助于更客观、全面地评估学生的学业水平。

（三）科技手段在高等教育中的角色与影响

1. 提升教学质量

科技手段的应用使得教学更具交互性和趣味性。教师可以借助多媒体教学工具更生动地讲解知识点，引入虚拟实验室提高实践操作的效果，从而提升整体教学质量。

2. 拓宽学习渠道

通过在线教育平台、开放式课程等形式，学生可以在更广泛的范围内获取知识，突破地域和时间的限制。这有助于拓宽学生的学习渠道，提高信息获取的效率。

3. 促进实际应用

科技手段的引入使得学生更容易接触到真实的职业环境和实际应用场景。例如，通过虚拟实训，学生可以模拟实际工作中的情境，更好地理解和应用所学知识。

4. 增强学生创新能力

科技手段不仅可以为学生提供丰富的信息资源，还能够通过在线协作平台、虚拟团队项目等方式培养学生的团队协作和创新能力，使其更好地适应未来职业发展的需求。

（四）科技手段在高等教育中的具体应用案例

1. 虚拟实验室

在实验教学中，通过虚拟实验室，学生可以进行各种实验操作，不受时间和空间的限制。例如，在化学专业中，学生可以通过虚拟实验室进行化学反应的模拟实践。

2. 在线课程与开放教育资源

学校可以借助在线课程和开放教育资源，引入国内外优质课程，满足学生对跨学科知识的需求。学生可以在网络平台上自主学习，提高自主学习的能力。

3. 智能教学系统

通过采用智能教学系统，根据学生的学科水平和学习兴趣，个性化地为其提供学习内容和任务。这种系统能够实时跟踪学生的学习过程，为其提供个性化指导和辅导。

4. 远程实习

利用视频会议、远程办公技术，学生可以进行远程实习，参与真实的项目和团队合作。这样的实践方式既能提升学生的实际操作能力，又有助于培养他们在虚拟工作环境中的沟通和协作能力。

5. 智能辅助教育工具

采用智能辅助教育工具，如语音识别、自适应学习平台等，可以更好地满足学生的学习需求。这些工具可以根据学生的学习状态和进度，提供个性化的学习建议和资源。

（五）科技手段在高等教育中的挑战与对策

1. 基础设施建设

挑战：一些高等教育机构在信息化基础设施建设上面临不足的问题。

对策：政府和学校应加大对信息化基础设施的投入力度，提升网络带宽、建设虚拟实验室等，确保科技手段的顺利应用。

2. 教师培训与素养

挑战：一部分教师可能对新兴的科技手段不够熟悉，缺乏相关的教学素养。

对策：学校应加强对教师的培训，提高其使用科技手段的能力。可以通过组织研讨会、开设培训课程等方式，增强教师的数字素养。

3. 数据隐私和安全

挑战：随着科技手段的广泛应用，学生和教师的个人信息、学业数据等涉及隐私的信息增多，数据安全问题成为一大关注焦点。

对策：学校应建立健全的信息安全管理制度，采取有效的技术手段确保数据的安全性。同时，也要注重对师生的信息安全教育，提高其信息安全意识。

4. 学科融合与课程整合

挑战：不同学科的教学内容和教学方法差异较大，如何在科技手段的应用中实现学科融合和课程整合是一个挑战。

对策：学校可以建立跨学科的教学团队，推动不同学科教师之间的协作。在制订课程计划时，考虑科技手段的整合，形成有机的课程体系。

（六）科技手段在高等教育中的未来发展趋势

1. 人工智能与智能教育

随着人工智能技术的不断发展，智能教育将更加普及。未来，教育系统将更加智能化，根据学生的学习状态、兴趣和需求，提供个性化的学习方案和资源。

2. 虚拟现实和增强现实技术

虚拟现实（VR）和增强现实（AR）技术将在高等教育中得到更广泛的应用。通过虚拟实验室、虚拟场景模拟等方式，提供更真实的实践体验，促进学生实际操作能力的培养。

3. 在线合作与远程团队项目

未来，学生将更多地参与在线合作和远程团队项目。科技手段将更好地支持学生在虚拟环境中协作，培养跨文化、跨地域的团队协作和沟通能力。

4. 区块链技术在教育管理中的应用

区块链技术将有望在高等教育的学籍管理、证书认证等方面发挥作用，提高学生学历的可信度，促进教育管理的透明化。

科技手段在高等教育中扮演着不可或缺的角色，推动着教育方式和内容的不断创新。随着科技的不断发展，高等教育将迎来更多的机遇和挑战。学校、教师和学生需要共同努力，不断提升数字素养，更好地适应数字化时代的教育发展需求。通过充分利用科技手段，高等教育能够培养出更适应社会需求的实用型专业人才，为社会发展增加更多创新力量。

第三节　教学管理的体系与模式

一、高等教育教学管理的体系构建

（一）概述

1. 背景

高等教育是培养技术技能型人才的重要阶段，其教学管理体系的构建对确保教学质量、提升学生综合素养至关重要。面对社会对毕业生实用性和创新能力的需求，教学管理的体系构建显得尤为迫切。

2. 目的

本节旨在探讨高等教育教学管理体系的构建，深入分析体系的组成要素、管理流程以及实施策略，以期为高等教育机构提供可行的管理模式和建议。

（二）高等教育教学管理体系的组成要素

1. 教学目标与规划

教学目标是教学管理的出发点和基础，明确了培养目标、知识技能要求等。规划是将教学目标分解为具体的教学计划，包括每学期的课程设置、实践活动等。

2. 师资队伍建设

构建高等教育教学管理体系需要关注师资队伍的建设。这包括教师的专业素养、教育理念、教学能力等方面。培养一支具备实际工作经验、具有教育教学理论素养的师资队伍是体系构建的基础。

3. 教学资源保障

高等教育需要大量的实践性教学资源，包括实验室设备、实习机会、企业合作等。教学资源的充足保障是教学管理体系健康发展的前提。

4. 教学评价体系

建立科学合理的教学评价体系是保证教学质量的关键。这包括考核学生知识水平、实际操作能力、团队协作精神等多个方面。同时，教学评价也应该包括对教师的评价，以推动教师专业发展。

（三）高等教育教学管理体系的管理流程

1. 教学计划与组织

在每学期开始前，制订全面的教学计划，包括课程设置、教学目标、教材选择等。组织相关人员参与计划制订，确保教学目标的明确性和可操作性。

2. 教学过程管理

对教学过程，应建立一套科学的管理机制，包括课堂管理、实践教学管理、在线教学管理等多个方面。引入先进的教学技术，提高教学过程的效率和趣味性。

3. 学生管理与服务

学生管理是教学管理的一个重要环节。从招生入学到毕业就业，都需要建立完善的学生档案管理系统，关注学生的学业进展和个性发展，并提供个性化的学业指导和心理辅导服务。

4. 教学评价与改进

建立全面的教学评价体系，对每个学期的教学进行评估，包括学生的学业水平、教师的授课水平等。评价结果可以作为教学改进的依据，推动教育教学的不断提升。

（四）高等教育教学管理体系的实施策略

1. 强化信息化建设

通过信息化手段，建设完善的教学管理信息系统。这包括学生信息管理、教师信息管理、课程管理等，通过数据分析为决策提供科学依据。

2. 加强师资培训

通过定期的师资培训，提高教师的专业水平和教学能力。培训内容可以包括新教育理念、先进的教学方法、实践操作技能等。

3. 拓展实践教学资源

与企业建立深度合作，拓展实践性教学资源。这可以通过联合开发实验室、实习基地，促进学生与企业的深度融合，提高实际操作能力。

4. 加强与社会的沟通与合作

与社会建立更加紧密的联系，了解社会对毕业生的需求，调整教学内容和培养目标。同时，通过社会资源的引入，提供更多实际项目和实践机会。

（五）高等教育教学管理体系的发展趋势

1. 强化创新能力培养

未来的高等教育应更加注重创新能力的培养。教学管理体系需要更灵活，能够适应创新教育理念的引入，培养学生的创新思维和实际操作能力。

2. 深化产教融合

未来的高等教育教学管理体系将更加深化与产业的融合。通过建立更紧密的产业合作关系，将企业实际需求纳入教学管理体系，更好地服务产业升级和技术创新。

3. 引入人工智能与大数据技术

随着人工智能和大数据技术的不断发展，未来的高等教育教学管理体系将更加智能化。通过引入智能教学系统、学习分析工具等，实现个性化教学和实时监测学生学习状态，为教学决策提供数据支持。

4. 推动国际化合作

未来的高等教育将更加注重国际化合作。通过与国际高等教育机构建立合作关系，引入国际化的教育理念和先进的教学资源，培养更具全球竞争力的学生。

5. 注重终身学习理念

随着社会的快速变化，未来的高等教育将更加注重培养学生终身学习的理念。教学管理体系需要建立灵活的课程体系，支持学生在职业发展的不同阶段进行持续学习和更新知识。

高等教育教学管理体系的构建是促进高等教育发展的重要一环。通过明确教学目标、加强师资建设、提升教学资源保障水平、建立科学评价体系等一系列措施，可以更好地推动高等教育朝着质量和实用性更高的方向发展。

未来，随着科技的不断进步和社会需求的变化，高等教育教学管理体系将面临更多新的机遇和挑战。加强与产业的深度合作、引入新兴技术、注重国际化合作等将成为推动高等教育不断创新发展的重要因素。通过持续努力和不断改进，高等教育教学管理体系将为培养更适应社会需求、具备创新能力的实用型人才做出更大的贡献。

二、教学质量评估与改进机制

（一）概述

1. 背景

教学质量评估与改进机制是高等教育机构推动教学不断提升的重要环节。随着社会对高等教育质量的要求不断提高，建立科学有效的评估与改进机制成为高校管理的迫切需求。

2. 目的

本部分旨在深入探讨教学质量评估与改进机制的构建，明确其组成要素、管理流程以及实施策略，为高等教育机构提供指导，推动教学水平的提高。

（二）教学质量评估与改进机制的组成要素

1. 评估目标与标准

明确教学质量评估的目标是构建机制的第一步。设定明确的目标和标准有助于评估的科学性和客观性。目标可以包括学生学业水平、教学过程质量、教师水平等多个方面。

2. 评估方法与工具

选择合适的评估方法和工具是评估机制中的重要环节。评估方法可以包括定性和定量相结合，如教学观察、学生问卷调查、学业成绩统计等。工具的选择应能全面反映教学质量的多个维度。

3. 数据收集与分析

建立系统的数据收集与分析体系，确保获得全面、准确的评估数据。数据可以包括学生的考试成绩、毕业生就业情况、教学过程中的反馈等多个方面。通过数据分析，揭示教学中存在的问题。

4. 反馈与沟通机制

建立畅通的反馈与沟通机制，确保评估结果及时传达给相关教学参与者，包括教师、学生和管理人员。通过反馈机制，形成共识，推动改进方案的实施。

（三）教学质量评估与改进机制的管理流程

1. 评估计划与组织

在每个学期或学年开始前，制订全面的评估计划，包括评估目标、方法、时间表等。组织相关人员参与评估，确保评估工作的科学性和有效性。

2. 数据收集与分析

按照评估计划，进行数据的收集和分析工作。数据分析应该注重整体梳理和深度挖掘，发现教学中存在的问题。

3. 结果反馈与讨论

将评估结果及时反馈给相关人员，进行讨论与解读。通过集体讨论，形成对评估结果的共识，为改进方案提供指导。

4. 制订改进方案

在讨论的基础上，制订具体的改进方案。改进方案可以涉及教学方法的调整、课程内容的更新、教师培训的加强等多个方面。

5.实施改进与监测

将改进方案付诸实践，并建立监测机制，跟踪改进的效果。监测可以包括学生的学业表现、教学过程的质量、毕业生的就业情况等。

（四）教学质量评估与改进机制的实施策略

1.强化教学团队建设

建立强有力的教学团队是教学质量评估与改进的基础。加强师资队伍建设，提高教师的教学水平和创新能力。

2.推动教育技术应用

利用现代教育技术，促进教学手段的创新。引入在线教学平台、虚拟实验室等，提高教学的互动性和趣味性。

3.加强学生参与和反馈

学生是教学质量的直接受益者，加强学生的参与和反馈是评估与改进的关键。定期组织学生座谈会、开展问卷调查，了解他们对教学的看法和建议。

4.引入同行评教

通过同行评教，教师可以从同事的角度获得更直接的反馈。建立同行评教机制，可以促进教学经验的分享和教学水平的提高。

（五）教学质量评估与改进机制的发展趋势

1.引入大数据与人工智能技术

未来的教学质量评估与改进机制将更加倚重大数据与人工智能技术的应用。通过大数据分析学生学习过程，通过人工智能辅助教学，可以更加精准地了解学生的需求和问题。

2.拓展评估的维度

不仅仅关注学科知识的传授，还将更多关注学生的综合素养和创新能力。评估不仅限于学业成绩，还包括学生的团队协作能力、实际问题解决能力等方面。

3.强化对教师的支持与培训

为了更好地推动教学质量的提升，未来的机制将更加加大对教师的支持与培训力度。持续提供专业发展机会，引导教师更好地适应新的教育理念和技术手段。

4.加强国际化合作

面对全球化的挑战，未来的教学质量评估与改进机制将更加注重国际化合作。通过与国际高校、企业等建立深度合作关系，引入先进的教学理念和资源，提升教学水平。

5.建立更灵活的改进机制

未来，教学质量评估与改进机制将更注重建立灵活、反馈迅速的改进机制。通过实时数据监测和即时反馈，使改进更加精准、及时，适应社会和学科发展的变化。

教学质量评估与改进机制是高等教育质量提升的重要一环。通过科学的评估目标、有效的方法工具、全面的数据收集与分析，以及有力的反馈与改进机制，高等教育机构可以更好地推动教学水平的不断提升。

未来，面对教育领域的不断变革和社会对人才的多元化需求，教学质量评估与改进机制需要不断创新，积极引入新技术、拓展评估维度、强化国际化合作，以更好地适应并引领教育的未来发展。通过共同努力，高等教育可以更好地培养适应社会需求、具备创新能力的全面发展人才。

三、学科交叉与综合管理的模式探讨

（一）概述

1.背景

随着社会的不断发展和科技的迅速进步，学科之间的交叉融合成为推动创新和解决复杂问题的重要途径。同时，高等教育机构也在不断尝试学科交叉与综合管理的模式，以培养更具综合素养和创新能力的人才。

2.目的

本部分旨在深入探讨学科交叉与综合管理的模式，明确其定义、特点以及实施策略，旨在为高等教育机构提供启示，促进学科间协同发展。

（二）学科交叉与综合管理的定义与特点

1.学科交叉的定义

学科交叉是指在不同学科之间建立联系、融合知识、共同解决问题的过程。这种交叉不仅仅是学科间的互相借鉴，更是在跨学科研究中形成新的理论、新的方法和新的实践。

2.综合管理的特点

综合管理是将不同领域、不同要素进行整合，形成一个整体化的管理模式。综合管理的特点包括系统性、整体性、全面性，强调协同作用，注重整体效益的最大化。

（三）学科交叉与综合管理的模式

1.交叉学科团队建设

建立交叉学科的研究团队是学科交叉与综合管理的关键。这些团队应由来自不同学科背景的专家组成，通过协同工作，实现跨学科的知识整合。

2.跨学科课程设计

通过设计跨学科的课程，让学生在学习过程中接触到多个学科的知识，培养他们的跨学科思维和问题解决能力。这种课程设计可以贯穿整个学业，为学生提供更全面的学科体验。

3.跨学科研究中心

设立跨学科研究中心，可以为不同学科的研究者提供合作平台。这种中心既可以是一个物理空间，也可以是一个虚拟平台，促进不同学科领域的研究者共同探讨问题、合作研究。

4.学科交叉导师制度

建立学科交叉导师制度，即在导师团队中引入不同学科背景的导师，为学生提供更丰富的学术指导和职业发展建议。这有助于学生更全面地发展自己的兴趣和能力。

（四）学科交叉与综合管理的实施策略

1.制订交叉学科培养计划

学校可以制订交叉学科培养计划，明确交叉学科的培养目标、课程设置和教学方法。通过培养计划，引导学生更好地理解和运用多学科知识。

2.建立学科交叉项目基金

设立专门的学科交叉项目基金，鼓励教师和研究者跨学科开展研究。这有助于促进学科之间的合作，推动交叉学科研究的深入发展。

3.加强学科交叉导师培训

为了更好地支持学科交叉与综合管理的实施，学校可以加强对学科交叉导师的培训，提高他们的跨学科合作能力和指导水平。

4.建设跨学科研究平台

学校可以投资建设跨学科研究平台，提供先进的实验设备和研究资源。这将有助于吸引更多的研究者参与到跨学科研究中来。

（五）学科交叉与综合管理的挑战与对策

1.学科边界模糊性

挑战：学科交叉容易导致学科边界的模糊，学术界和行业界对跨学科研究的认可程度不一。

对策：建立明确的学科交叉标准和评价机制，加强对学科交叉研究的宣传和推广，促使更多人认可其价值。

2.跨学科合作困难

挑战：不同学科背景的人员之间存在语言、思维方式等方面的差异，可能导致跨学科合作出现困难。

对策：加强跨学科合作的培训，提高团队成员的跨学科沟通和协作能力。设立中介机构，促进不同学科之间更好的合作。

3.资源配置不均衡

挑战：在学科交叉与综合管理中，可能会面临资源分配不均衡的问题，一些学科可能会得到更多的支持，而其他学科则较为困难。

对策：建立公平的资源分配机制，确保每个学科都能够获得合理的支持。设立专门的交叉学科基金，用于支持跨学科项目的开展，平衡资源分配。

4.评价体系不完善

挑战：目前的评价体系主要基于传统学科，对跨学科研究的评价标准相对不足，难以全面衡量交叉学科的贡献。

对策：积极推动评价体系的创新，引入更全面的指标，如跨学科合作项目的数量和影响、团队成员的学科背景多样性等。鼓励学术期刊和科研机构更多地接纳跨学科研究成果。

（六）学科交叉与综合管理的未来发展趋势

1. 强化跨学科创新

未来，学科交叉与综合管理将更加注重创新。不仅是知识领域的创新，还包括教育模式、科研方法等方面的创新。推动学科之间的融合，培养更具创新能力的人才。

2. 拓展国际合作

随着全球化的加速，未来学科交叉与综合管理将更加注重国际合作。通过与国际高校、研究机构建立紧密联系，分享资源、经验和研究成果，推动全球学科间的融合发展。

3. 推动产学研深度融合

未来的发展趋势中，将更加注重学科交叉与产业深度融合。促使学术界、产业界和政府之间建立更紧密的合作关系，实现知识的迅速转化和应用，推动社会经济的可持续发展。

4. 加强科研管理与政策支持

未来，学科交叉与综合管理需要更加强化科研管理与政策支持。建立更灵活的科研管理机制，推动政策的创新，为学科交叉与综合管理提供更好的环境和支持。

学科交叉与综合管理是推动知识创新和人才培养的有效途径。通过建立交叉学科团队、跨学科课程设计、学科交叉导师制度等模式，高等教育机构可以促进不同学科的协同发展，培养更具综合素养和创新能力的人才。

然而，学科交叉与综合管理也面临着一系列挑战，包括学科边界的模糊性、跨学科合作困难等。通过建立公平的资源分配机制、推动评价体系的创新以及强化跨学科创新等对策，可以更好地应对这些挑战。

未来，学科交叉与综合管理将更加注重创新、国际合作、产学研深度融合等方面的发展趋势。通过不断探索和创新，学科交叉与综合管理将为高等教育机构带来更广阔的发展空间，为社会培养更具创新力和综合素养的人才做出更大的贡献。

第二章 新时代下高等院校教育教学管理

第一节 高等院校教育教学管理概述

一、新时代背景下高等院校教育教学管理面临的挑战

（一）概述

1. 背景

新时代背景下，我国社会经济发展迅速，高等院校教育教学管理面临着新的挑战。经济结构的升级、科技创新的推动、社会需求的多样化等因素都对高等院校提出了更高的要求。本部分将深入探讨在新时代的背景下，高等院校教育教学管理所面临的挑战以及相应的对策。

2. 目的

本部分旨在分析新时代背景下高等院校教育教学管理面临的挑战，深入探讨如何应对这些挑战，以促进高等院校教育水平的不断提升，更好地适应社会发展的需求。

（二）新时代下的高等院校教育教学管理挑战

1. 人才培养与社会需求脱节

随着社会的不断变化，新兴行业和职业不断涌现，传统的人才培养模式可能会滞后于社会需求，导致出现人才脱节的问题。高等院校需要更灵活、更实时地调整课程设置，与社会需求保持同步。

2. 教师队伍结构和能力的不适应

新时代对教师提出了更高的要求，需要他们具备跨学科的知识、创新精

神和实践经验。然而，一些高等院校的教师队伍结构相对陈旧，缺乏多元化和创新性，需要进行结构性的调整和专业发展培训。

3. 教学手段和技术的更新换代

信息技术的迅猛发展对高等院校提出了更高的要求，传统的教学手段和技术可能已经无法满足现代学生的需求。高等院校需要积极引入新的教学技术，如在线教育、虚拟实验室等，提升教学质量。

4. 教育国际化与国际竞争压力

随着全球化的加深，高等院校需要更好地适应国际化的趋势。同时，国际竞争也带来了更大的压力，需要提高教育水平、加强国际合作，培养具备国际竞争力的高素质人才。

（三）应对新时代挑战的对策

1. 优化课程体系，强化实践能力培养

针对人才培养与社会需求脱节的问题，高等院校可以通过优化课程体系，增加实践性课程和项目，提高学生的实际操作能力，确保毕业生更好地适应社会工作的需求。

2. 实施教师结构调整与专业培训

为了适应新时代对教师的更高要求，高等院校可以进行教师结构的调整，引进更具创新和实践经验的人才。同时，开展专业培训，提升教师的跨学科能力，使其更好地适应教育创新的需要。

3. 推动教育信息化，提升教学水平

针对教学手段和技术的更新换代，高等院校应积极推动教育信息化，引入先进的教学技术，提升教学水平。通过建设在线教育平台、虚拟实验室等，丰富教学手段，提高学生学习体验。

4. 加强国际合作，提高国际竞争力

为了迎接教育国际化的挑战，高等院校应积极开展国际合作，与国际高校、企业建立合作关系，引入国际先进教育理念和资源。通过交流与合作，提高高等院校的国际竞争力。

（四）新时代背景下高等院校教育教学管理的创新举措

1.引入行业导向的课程设计

为更好地适应社会需求，高等院校可以引入行业导向的课程设计。与相关行业合作，设计符合实际需求的课程，使学生可以更好地融入职场。

2.构建多元化的教育体系

通过构建多元化的教育体系，包括在线教育、远程教育等，提供更灵活的学习方式。满足不同学生的学习需求，加强教育资源的整合与共享。

3.设立创新基础，支持学生创新创业。高等院校可以设立创新基地，提供创新创业的资源支持，鼓励学生参与实际项目、创业实践，培养创新创业能力。

4.强化师资培训与交流机制

为适应新时代对教师的更高要求，高等院校可以建立师资培训与交流机制。定期开展教育教学理念的培训，鼓励教师参与国内外学术活动，提高他们的学科素养和教学水平。

5.推动学科融合与交叉

鼓励学科融合与交叉，促使不同学科之间更紧密地合作。设立跨学科研究中心，鼓励教师跨学科合作，推动学科交叉，培养学生更全面的知识结构。

（五）新时代背景下高等院校教育教学管理的发展趋势

1.智能化教育管理系统的应用

未来，高等院校教育教学管理将更加智能化。引入人工智能技术，建设智能化教育管理系统，通过大数据分析学生学习情况，为个性化教学提供支持。

2.强化产教融合，提升实践能力

未来的趋势将更加强调产教融合。高等院校将与企业建立更紧密的联系，通过合作项目、实习实训等方式，提升学生的实践能力，使其更好地适应职业发展的需求。

3.推动国际化办学

高等院校未来将更加积极地推动国际化办学。加强与国际高校的合作，开设国际化课程，提供国际交流机会，培养具备国际竞争力的人才。

4.注重终身学习体系的建设

新时代要求个体不断适应新知识和新技术，因此高等院校将注重建设终身学习体系。提供灵活的学习途径，支持学生、教师和校友进行终身学习，保持持续的职业发展竞争力。

新时代背景下，高等院校教育教学管理虽面临着多方面的挑战，但也蕴藏着广阔的发展机遇。通过优化课程、实施创新举措、强化国际合作等对策，高等院校可以更好地适应社会需求，培养更适应新时代要求的高素质人才。

未来，智能化教育管理、强化产教融合、国际化办学、终身学习体系的建设等将成为高等院校教育教学管理的发展趋势。通过不断创新和改革，高等院校将更好地发挥其在高等教育领域的重要作用，为培养更多适应社会需求的人才贡献力量。

二、教学管理创新与发展趋势

（一）概述

1.背景

教学管理在高等教育领域的重要性日益凸显，随着社会的发展和科技的进步，传统的教学管理模式已经面临新的挑战。本部分将深入探讨教学管理创新的必要性以及未来的发展趋势，以适应快速变化的教育环境。

2.目的

本部分旨在分析教学管理创新的背景、原因和必要性，深入研究当前和未来的发展趋势，为高等教育机构提供有益的启示和参考。

（二）教学管理创新的背景

1.社会变革和科技进步

随着社会的不断发展和变革，科技进步对教育产生了深刻的影响。传统的教学管理方式已经无法满足新时代学生的需求，需要构建更加灵活、创新的管理模式。

2.学生需求和多样化

学生群体日益多样化，个体差异显著。学生对教育提出了更高的期望，他们需要个性化、灵活性强的教学管理方式。传统的"一刀切"的管理方式已经难以适应这一变化。

3. 全球化和国际竞争

全球化背景下，国际竞争愈发激烈。为培养具备全球竞争力的人才，高等教育机构需要实施更加开放、国际化的教学管理策略。

（三）教学管理创新的原因与必要性

1. 提升教育质量和效果

教学管理创新是提升教育质量和效果的有效途径。通过引入新的教学方法和管理手段，更好地满足学生的学习需求，提高知识的传递和吸收效率。

2. 促进学科交叉与融合

传统的学科划分已经难以适应现代社会的需求，而教学管理创新可以促进学科交叉与融合。通过跨学科的课程设计和项目合作，培养学生更全面的能力。

3. 适应新科技的发展

新科技的发展为教学管理创新提供了有力的支持。虚拟现实、人工智能、在线学习等技术的应用，使得教育更加灵活和个性化，需要相应的管理模式来支持和促进这些技术的应用。

4. 适应快速变化的职业需求

社会职业需求的变化速度越来越快，传统的教学管理模式可能跟不上这一变化。创新的管理方式能够更好地与职业需求同步，培养更适应职场的人才。

（四）教学管理创新的发展趋势

1. 强调学生参与和主动性

未来的发展趋势将更加强调学生的参与和主动性。通过引入项目式学习、实践性课程和学生自治组织，激发学生学习的热情和动力。

2. 引入大数据和人工智能

大数据和人工智能技术的发展将成为教学管理的重要支持。通过收集和分析学生学习数据，制订更加个性化的教学计划，提高教育的更具针对性和效果。

3. 推动在线学习和远程教育

在线学习和远程教育将成为未来教学管理的主要发展方向。这种模式不仅可以突破地域限制，还能够提供更灵活的学习方式，适应学生个体差异。

4. 强调教师专业发展和培训

教师是教学管理的核心，未来的趋势将更加强调教师的专业发展和培训。学校应提供更多的培训机会，鼓励教师参与国际学术交流，使其保持在教育前沿的水平。

（五）教学管理创新的挑战与对策

1. 技术应用的合理性与隐私保护

随着技术的广泛应用，涉及学生隐私和信息安全的问题将成为一个挑战。教育机构需要建立合理的技术使用政策，保护学生的隐私权。

2. 教师培训的系统性与连续性

教师培训需要具备系统性和连续性，但这也带来了新的挑战。教育机构应该建立完善的培训体系，确保教师能够持续更新自己的知识储备和提高专业能力，适应教学管理创新的需要。

3. 学生参与度的提升

强调学生参与和主动性需要解决学生参与度不足的问题。教育机构可以通过设计富有挑战性和启发性的课程，提供更多的参与机会，激发学生学习的兴趣和积极性。

4. 教学管理体制的调整

教学管理创新需要对教学管理体制进行调整，这可能会遇到体制惯性和管理阻力。教育机构需要引领管理层的认知方向，推动教学管理体制的灵活性和适应性发展。

（六）未来教学管理的前景展望

1. 个性化学习的实现

教学管理创新将推动个性化学习的实现。通过大数据和人工智能的支持，教育机构能够更好地了解学生的学习特点，制订符合个体需求的教育方案，提高学习效果。

2. 教育全球化的深入发展

未来，教学管理创新将推动教育全球化的深入发展。通过在线学习和国际合作项目，学生将更容易跨越国界获取知识，促进不同文化间的交流与理解。

3. 教育科技的广泛应用

随着科技的不断发展，未来教学管理将更加倚重教育科技的广泛应用。虚拟现实、增强现实、区块链等技术将在教学管理中发挥重要作用，提升教学质量和效果。

4. 教师专业发展的跨学科整合

未来，教学管理创新将促使教师专业发展更加跨学科整合。教育机构将鼓励教师参与不同学科的研究与合作，提高其在多领域内的综合素养，更好地适应教学创新的需求。

教学管理创新是适应新时代需求、提高教育水平的必由之路。本部分通过分析教学管理创新的背景、原因和必要性，深入研究了当前和未来的发展趋势，并探讨了相关的挑战与对策。未来，教学管理将更加强调个性化学习、全球化发展、科技广泛应用和教师专业发展的跨学科整合，为构建更为灵活、高效的教育体系提供有力支持。随着时代的发展，教学管理创新将在推动教育变革、促进学生全面发展方面发挥越来越重要的作用。

三、高等院校应对教学管理新需求的策略

（一）概述

1. 背景

随着社会的不断发展和变革，高等院校面临着新的教学管理需求。全球化、科技创新、职业变革等因素推动着教育领域的改革，高等院校需要积极应对新的教学管理挑战，以更好地满足学生和社会的需求。

2. 目的

本部分旨在分析高等院校在新时代面临的教学管理新需求，探讨相应的策略和措施，以提升教育质量、培养更适应社会的人才。

（二）高等院校面临的教学管理新需求

1. 个性化学习需求

学生群体日益多样化，对教育提出了更多的个性化学习需求。传统的"一刀切"的教学管理难以满足不同学生的个性化需求，高等院校需要更灵活的管理模式。

2. 跨学科能力培养

新时代对人才的要求更加强调跨学科能力。高等院校需要培养学生具备多领域知识和技能，需要更加灵活地整合传统学科划分的管理方式。

3. 教育国际化

全球化时代，学生需要具备国际竞争力。因此，高等院校需要更加注重教育国际化，提供国际化课程、推动国际合作，以培养具有全球视野的人才。

4. 教育科技融合

新科技的发展对教育提出了新的机遇和挑战。高等院校需要将教育与科技融合，更好地利用虚拟现实、在线学习等技术，提高教学效果。

（三）高等院校应对新需求的策略

1. 推动个性化学习

（1）引入个性化教学计划

制订灵活的个性化教学计划，根据学生的兴趣、能力和学科选择，提供个性化的学习路径，满足不同学生的需求。

（2）发展个性化学习平台

构建个性化学习平台，整合在线学习资源，为学生提供自主选择课程、弹性学习时间的机会，促进学生自主学习和发展。

2. 强化跨学科融合

（1）设立跨学科实践项目

推动学科之间的融合，设立跨学科实践项目，鼓励学生参与不同学科的合作研究和项目实践，培养跨学科能力。

（2）构建跨学科研究中心

建立跨学科研究中心，促进教师之间的学科交流与合作，推动课程体系的整合，实现知识的跨学科传递。

3.推动教育国际化

（1）开设国际化课程

设计开放的国际化课程，引入国际化教材和案例，提供英语授课机会，增强学生的国际交流和合作能力。

（2）加强国际合作项目

积极开展国际合作项目，与国外高校建立合作关系，推动学生参与国际实践、交流和合作，培养具有国际竞争力的人才。

4.教育科技融合

（1）引入虚拟实验和在线教育

整合虚拟实验室、在线教育平台等教育科技资源，提供更丰富的学习体验，拓展教学手段，增强学生对科技的应用能力。

（2）促进教师科技培训

为教师提供科技培训，提高他们运用教育科技的能力。鼓励教师探索创新的教学模式，推动科技与教育深度融合。

（四）策略实施中的挑战与对策

1.个性化学习的实施难题

（1）学生管理与评估

个性化学习需要更灵活的学生管理和评估体系。建立全面的学生档案，采用多元化的评估方式，更好地跟踪学生的学习过程和成果。

（2）教师专业发展

教师需要不断提升自己的个性化教学能力。学校应加强对教师的培训，引导其更好地了解学生的个性化需求，灵活调整教学方法，实现个性化学习的目标。

2.跨学科融合的挑战

（1）学科壁垒

学科之间的壁垒可能成为跨学科融合的障碍。高等院校应建立激励机制，鼓励教师跨学科合作，打破学科局限，促进知识的交叉传递。

（2）课程整合

跨学科融合需要对课程体系进行整合调整。学校可设立跨学科课程设计团队，协调不同学科的课程，确保整体课程体系的合理性和连贯性。

3.教育国际化的难题

（1）文化差异

国际化课程可能面临文化差异的挑战。学校可以加强对国际文化的学习，提供跨文化交流机会，帮助学生更好地适应国际化教育环境。

（2）语言障碍

国际化课程可能涉及语言障碍。学校应提供语言培训和支持，建立多语言教学环境，促进学生在多语言背景下的学习与沟通。

4.教育科技融合的困境

（1）数字鸿沟

学生在数字技术应用上存在差异，可能出现数字鸿沟。学校应提供必要的数字技术培训，确保学生能够熟练运用教育科技工具。

（2）教育科技标准

教育科技的发展日新月异，可能存在标准不一致的问题。高等院校可以参与制定或采用行业内的教育科技标准，确保教育科技的应用质量和效果。

（五）未来高等院校教学管理的展望

1.强调学生自主发展

未来，高等院校教学管理将更加强调学生的自主发展。通过个性化学习、实践项目等方式，激发学生的创新潜能，培养更具自主能动性的人才。

2.加强社会实践与职业导向

面对职业发展的快速变化，高等院校将加强社会实践和职业导向。与企业合作，开展实际项目，使学生更早地接触职场需求，提前适应职业发展要求。

3.推动教育全球化

全球化时代，高等院校将更积极地推动教育全球化。加强国际合作，提供多元化的教育资源，为学生提供更广阔的学习平台和拓展其国际化的视野。

4.智能化教学管理系统的应用

未来，高等院校将进一步智能化教学管理。引入人工智能技术，通过大数据分析学生学习情况，为教学决策提供科学支持，实现更个性化、精准的教学管理。

高等院校面对教学管理新需求时，需要在推动个性化学习、跨学科融合、教育国际化、教育科技融合等方面采取相应的策略。这既是对传统教育模式的挑战，也是适应时代发展的必然选择。

第二节　高等院校教学组织管理

一、教学组织架构的优化与调整

（一）概述

1. 背景

随着教育领域的快速发展和不断变化的社会需求，高等教育机构的教学组织架构也需要不断优化和调整。这一过程旨在适应新时代的教学理念、技术进步和学科交叉的趋势，以提高教学效果和培养更具综合素养的学生。

2. 目的

本部分旨在深入探讨高等教育机构中教学组织架构的优化与调整策略，以满足不断变化的学生需求、教育技术的发展和教学管理的创新要求。

（二）现有教学组织架构存在的问题与面临的挑战

1. 刚性学科划分

传统的教学组织架构往往以刚性的学科划分为基础，学科之间存在独立性较强的局面。这导致出现跨学科合作的困难，学生难以获取多学科的综合知识。

2. 教学管理与教育技术脱节

在一些高校，教学管理和教育技术的发展相对脱节，导致未能充分发挥现代技术在教学中的优势。缺乏整合教学资源和信息化管理的机制。

3. 学生参与度不足

传统的组织架构可能导致学生被动接受教育，学习氛围相对封闭，学生的参与度不足，难以激发其学习的兴趣和创造力。

4. 教师专业发展缺乏支持

有些教学组织架构未能为教师的专业发展提供足够的支持，缺乏激励机制，可能影响教师在教学创新和科研方面的积极性。

（三）教学组织架构的优化策略

1. 促进跨学科融合

（1）跨学科课程设计

优化课程设置，引入跨学科课程，使不同学科之间的知识有机结合，培养学生跨学科思维和综合能力。

（2）跨学科研究中心设立

建立跨学科研究中心，促使教师进行跨学科研究，提高学科间交叉合作的频率和深度。

2. 整合教学管理与教育技术

（1）制定信息化教学战略

制定信息化教学战略，明确教学管理与教育技术的整合目标，推动信息技术在教学中的全面应用。

（2）建立教学管理信息平台

建立统一的教学管理信息平台，整合各类教学资源，包括在线教材、学习工具等，提高信息共享和教学效率。

3. 提升学生参与度

（1）实施项目式学习

引入项目式学习，让学生通过实际项目解决问题，增加学生参与度，培养实际应用能力。

（2）设立学生自治组织

鼓励学生参与学生自治组织，让学生参与学校事务的决策和管理，培养他们的领导力和组织能力。

4. 支持教师专业发展

（1）制订教师培训计划

制订系统的教师培训计划，涵盖教学方法、教育技术、跨学科合作等方面，提高教师的综合素养。

（2）建立教师交流平台

建立教师交流平台，鼓励教师分享教学经验、创新成果，促使教学管理与教师的专业发展更紧密地结合。

（四）实施中可能面临的挑战与解决方案

1.学校文化和组织结构的阻力

（1）加大组织变革的宣传力度

通过校园宣传、培训等方式，加大组织变革的宣传力度，让师生认识到优化教学组织架构的重要性。

（2）渐进式调整

采取渐进式的调整方式，逐步引入新的组织架构元素，缓解学校文化和组织结构的阻力。

2.资源分配的问题

（1）资源优化和整合

在调整教学组织架构的同时，进行资源的全面优化和整合。确保资源分配更加合理，充分利用现有资源，避免浪费，同时争取更多的支持来满足新架构的需要。

（2）制订详细的实施计划

制定详细的实施计划，明确每一步的资源需求和分配情况，确保调整过程中各项工作有序进行，防范资源分配不足或不合理的问题。

3.教师和学生的适应问题

（1）提供培训和支持

为教师和学生提供必要的培训和支持，使其更好地适应新的教学组织架构。这可以包括教育技术的培训、跨学科合作的指导等。

（2）引导舆论和期望

通过引导舆论和树立正确的期望，营造一个积极的学习氛围。教师和学生的适应过程中，正确的舆论引导和对改革的期望可以起到积极的作用。

（五）未来教学组织架构的展望

1.强调个性化学习

未来，教学组织架构将更加强调个性化学习。利用先进的教育技术和数据分析手段，更好地满足学生不同的学习需求，培养个性化发展的人才。

2.拓展全球化合作

随着全球化的发展，未来的教学组织架构将更加注重国际合作。通过建立全球性的教育网络，促进国际学术交流，为学生提供更丰富的学术资源。

3. 强化实践和创新

未来的教学组织将更加强调实践和创新。通过与企业、社会机构的深度合作，加强实践项目的开发，培养学生的实际操作能力和创新思维。

4. 整合人工智能与教学

随着人工智能的不断发展，未来的教学组织将更加深度整合人工智能技术。通过智能化的教育系统，个性化的学习推荐，提升教学效果和学生学习体验。

教学组织架构的优化与调整是适应社会发展和教育变革的必然选择。通过跨学科融合、整合教学管理与教育技术、提升学生参与度和支持教师专业发展等策略，高等教育机构可以更好地应对未来的教学挑战。未来，随着教育理念和技术的不断演进，教学组织架构将继续发展，为培养更全面发展的人才提供更为有效的支持。

二、教学计划与课程设计的管理机制

（一）概述

1. 背景

教学计划与课程设计作为高等教育的重要组成部分，将直接影响到教学质量和学生成长。随着社会需求和教育理念的不断变化，建立科学合理的管理机制对提升教育水平和适应社会发展至关重要。

2. 目的

本部分旨在深入研究教学计划与课程设计的管理机制，探讨其在高等教育中的重要性、存在的问题以及未来的发展方向，以提供可行的管理建议。

（二）教学计划与课程设计的重要性

1. 教学计划的作用

（1）组织教育资源

教学计划有助于有效组织和利用教育资源，包括教师、教室、教材等，确保教学过程的有序展开。

（2）实现教育目标

通过设定明确的教学目标，教学计划有助于引导教学活动，确保学生在学术、技能和品德等方面全面发展。

2.课程设计的意义

（1）适应社会需求

课程设计是高校适应社会需求、培养社会所需专业人才的手段，可以根据社会的发展变化及时调整课程内容。

（2）提高教学质量

科学合理的课程设计有助于提高教学质量，使课程更加生动有趣，符合学生的学习习惯和认知规律。

（三）教学计划与课程设计的管理机制存在的问题

1.缺乏灵活性

传统的教学计划与课程设计管理机制通常较为刚性，难以灵活应对学科发展变化、社会需求的更新。

2.教学计划与课程设计脱节

在一些情况下，教学计划与课程设计可能存在脱节现象，计划制订的目标与具体课程设计实施之间缺乏有机衔接。

3.缺乏绩效评估

一些高校在教学计划与课程设计的管理中缺乏科学的绩效评估机制，难以客观评价教学效果，这将为进一步优化提供依据。

4.信息化水平有限

部分高校的教学计划与课程设计管理机制在信息化建设方面存在不足，未能充分利用现代技术手段提高管理效能。

（四）教学计划与课程设计的管理机制优化建议

1.引入灵活的管理机制

（1）弹性学期设置

引入弹性学期设置，让学校可以更灵活地安排教学计划，适应学科发展和社会需求的变化。

（2）强化选修课程

加强选修课程的设置，鼓励学生根据个人兴趣和职业规划进行选择，增加课程的多样性。

2. 整合教学计划与课程设计

（1）建立课程设计评审机制

建立课程设计评审机制，确保课程设计与教学计划的一致性，保证实施过程中目标的顺利实现。

（2）设立跨学科课程设计小组

设立跨学科课程设计小组，推动不同学科间的合作与交流，实现教学计划与课程设计的更紧密结合。

3. 引入绩效评估机制

（1）制定教学绩效指标

制定科学合理的教学绩效指标，包括学生学业成绩、课程评价、教学效果等，用于评估教学计划与课程设计的质量。

（2）建立教学评估委员会

建立独立的教学评估委员会，负责对教学计划与课程设计进行全面、客观地评估，为优化提供参考意见。

4. 提升信息化水平

（1）建设教学管理信息平台

建设完善的教学管理信息平台，实现教学计划、课程设计、教学资源等信息的集中管理与共享。

（2）推广在线教学平台

推广在线教学平台，提供更多的数字化学习资源，支持教师和学生更好地开展在线学习与互动。

（五）未来教学计划与课程设计的发展趋势

1. 强调个性化学习

未来，教学计划与课程设计将更加强调个性化学习。随着教育科技的不断发展，将有更多的技术手段用于个性化学习路径的制定，以满足学生不同的学科兴趣、学习进度和学风需求。

2. 跨学科整合

未来的发展趋势将更加强调跨学科整合。学科之间的融合将成为常态，通过共同的核心课程和项目，打破传统学科之间的壁垒，培养更具综合素养的人才。

3. 社会实践与实际应用

教学计划与课程设计将更加注重社会实践和实际应用。将实际项目纳入课程设计，与企业和社会机构进行深度合作，让学生在真实场景中应用所学知识，增强实际操作能力。

4. 引入人工智能和大数据

未来，教学计划与课程设计将更多地引入人工智能和大数据技术。通过对学生学习数据的分析，个性化推荐学习内容，提供更智能、定制化的教学服务。

教学计划与课程设计的管理机制是高等教育质量保障和创新发展的重要环节。通过引入灵活的管理机制、整合教学计划与课程设计、建立绩效评估机制和提升信息化水平，可以更好地适应时代变革和社会需求。未来，个性化学习、跨学科整合、社会实践与实际应用、人工智能和大数据的引入将是教学计划与课程设计发展的重要方向，将为培养更具创新力和实践能力的人才提供更有力的支持。高等教育机构应认识到这些发展趋势，积极进行改革创新，不断优化管理机制，推动教学计划与课程设计的不断完善。

三、跨专业教学组织的协同与管理

（一）概述

1. 背景

随着知识的不断深化和社会的快速发展，跨专业教学组织逐渐成为高等教育中的一种趋势。在这个背景下，如何有效协同与管理跨专业教学组织成了一个亟待解决的问题。

2. 目的

本部分旨在深入研究跨专业教学组织的协同与管理，探讨其重要性、存在的问题以及未来的发展方向，为高等教育机构提供切实可行的管理建议。

（二）跨专业教学组织的重要性

1. 培养综合能力

（1）跨学科思维

跨专业教学组织有助于培养学生的跨学科思维，使其能够更好地整合各专业知识，解决实际问题。

（2）团队协作能力

通过跨专业的协同学习，学生能够更好地培养团队协作能力，适应未来工作中多学科、多领域的合作需求。

2. 拓宽知识领域

（1）打破学科壁垒

跨专业教学组织有助于打破传统学科壁垒，促使不同专业的知识相互渗透，形成更为丰富的知识结构。

（2）激发创新潜力

跨专业学习能够激发学生的创新潜力，通过不同专业背景的碰撞，促进新思维和新理念的涌现。

（三）跨专业教学组织的协同与管理存在的问题

1. 学科差异导致的理解困难

跨专业教学组织中，学生可能因学科差异而产生理解困难，难以迅速适应和融入跨专业学习环境。

2. 教学资源整合不足

一些高校在跨专业教学组织中，由于教学资源整合不足，导致学生无法获取到全面的、高质量的跨专业学习资源。

3. 教师跨学科合作困难

跨专业教学组织需要教师进行更密切的跨学科合作，然而，一些教师可能面临专业领域限制，难以融入其他学科的教学活动中。

4. 评价机制不完善

当前一些高校的评价机制仍然基于传统的学科评价标准，难以全面、客观地评价跨专业学习的效果和学生的综合能力。

（四）跨专业教学组织的协同与管理策略

1. 制订明确的目标和计划

（1）设定学生培养目标

在跨专业教学组织中，制定明确的学生培养目标，明确他们在跨学科学习中应该达到的综合素养。

（2）制订协同教学计划

制订协同教学计划，确保不同专业的课程和学科能够有机结合，形成有序的学习路径。

2. 优化教学资源整合

（1）建设跨学科中心

建设跨学科中心，整合各学科的师资、实验室和研究设施，为跨专业学习提供全面的支持。

（2）制定资源开放共享政策

制定资源开放共享政策，鼓励教师将优质教学资源进行共享，促进跨专业学习中的资源整合。

3. 促进教师跨学科合作

（1）开展跨学科教师培训

开展跨学科教师培训，提高教师的跨学科教学能力，使其更好地适应跨专业教学组织的需求。

（2）建立跨学科教学研究团队

建立跨学科教学研究团队，鼓励教师开展共同的跨学科教学研究，促进经验和资源的共享。

4. 完善评价机制

（1）制定跨学科评价指标

制定跨学科评价指标，使评价更加全面，既包括学科专业能力，也包括综合素养和跨学科协同能力。

（2）引入 360 度评价

引入 360 度评价，除了教师和学生的自评，还包括同行评价、雇主评价等多方面的评价，以更全面地了解学生的综合表现。

（五）未来跨专业教学组织的发展趋势

1. 强调实践应用

未来，跨专业教学组织将更加强调实践应用。通过将实际项目融入跨专业学习中，让学生在实践中运用多学科知识解决实际问题，提升实际应用能力。

2. 利用先进技术支持

随着教育技术的发展，未来跨专业教学组织将更多地利用先进技术支持，包括虚拟现实、人工智能等，为学生提供更丰富的学习体验和资源。

3. 推动国际化合作

未来的发展趋势将更加注重国际化合作。通过建立国际性的跨专业教育项目，促进不同国家、不同文化背景下学生的跨学科合作，培养具有全球视野的人才。

4. 引入项目式学习

未来跨专业教学组织将更加注重项目式学习的应用。通过设立实际项目，让学生在团队中跨学科合作，完成真实的任务，培养解决实际问题的能力。

跨专业教学组织的协同与管理是高等教育机构面临的新挑战，也是适应社会需求和培养综合能力人才的必然选择。通过制订明确的目标和计划、优化教学资源整合、促进教师跨学科合作和完善评价机制等策略，高等教育机构可以更好地推动跨专业教学组织的协同与管理。未来，强调实践应用、利用先进技术支持、推动国际化合作和引入项目式学习将是跨专业教学组织发展的重要趋势，为培养更具综合素养的人才提供更全面的支持。高等教育机构应积极正视这些变化，推动教学模式的创新，助力学生成为适应未来社会需求的复合型人才。

第三节　高等院校专业设置管理

一、新兴专业设置与行业需求的匹配

（一）概述

1. 背景

随着科技和社会的快速发展，新兴产业蓬勃兴起，对新型人才的需求也愈发迫切。在这一背景下，高校面临着如何设置新兴专业以更好地满足行业需求的挑战。

2. 目的

本部分旨在深入研究新兴专业设置与行业需求的匹配问题，探讨新兴专业的重要性、存在的问题以及未来的发展方向，为高校提供科学合理的专业设置建议。

（二）新兴专业的重要性

1. 适应科技和社会发展

（1）科技创新驱动

新兴专业的设置有助于培养与科技创新密切相关的人才，推动社会不断向前发展。

（2）解决社会问题

新兴专业能够培养解决当下社会问题所需的专业人才，如环境科学、可持续发展等专业。

2. 塑造新型职业

（1）创业创新

新兴专业的培养有助于培养更具创业和创新能力的学生，推动社会产业的升级和转型。

（2）应对未来挑战

通过设置能够应对未来社会挑战的新兴专业，培养适应未来职业发展的人才。

（三）新兴专业设置与行业需求的不匹配问题

1.专业设置滞后

一些高校的专业设置可能滞后于科技和社会的发展，导致毕业生与行业需求之间存在较大距离。

2.教学内容过时

由于一些新兴领域的知识更新较快，教学内容过时是新兴专业设置的一个普遍问题。

3.缺乏实践环节

一些新兴专业在课程设置中缺乏实践环节，导致学生在实际工作中缺乏经验。

4.行业对接不足

部分高校在新兴专业设置过程中，与相关行业对接不足，缺乏行业反馈，使专业设置更为理论化。

（四）新兴专业设置与行业需求匹配的策略

1.建立灵活的专业设置机制

（1）定期评估专业设置

建立定期评估机制，对各专业的设置进行定期评估，确保专业设置与行业需求保持同步。

（2）引入灵活选修课程

为学生提供灵活选修课程的机会，根据个人兴趣和行业需求，自主选择相关课程，形成个性化学习路径。

2.整合实践与理论

（1）强化实践教学环节

加强实践教学环节，通过实习、项目实践等方式，使学生在学习过程中获得更多实际经验。

（2）行业导师制度

建立行业导师制度，邀请相关行业的专业人士担任导师，指导学生更好地了解行业发展趋势。

3.加强与行业的沟通合作

（1）建立行业咨询委员会

建立行业咨询委员会，邀请行业专家参与学校的决策，提供专业建议，确保专业设置与行业需求紧密对接。

（2）推动双向交流

推动师生与行业的双向交流，使学校更好地了解行业的需求，同时让行业了解学生的培养状况。

4.引入新兴技术手段

（1）利用大数据分析

通过大数据分析，更好地了解新兴行业的发展趋势，为专业设置提供科学依据。

（2）利用在线教育平台

利用在线教育平台，引入行业实战案例，使学生能够更深入地了解新兴行业的实际运作。

（五）未来新兴专业设置与行业需求匹配的发展趋势

1.强化跨学科融合

未来新兴专业设置将更加强调跨学科融合。通过整合不同学科的优势，培养更具综合素养的人才。

2.强调可持续发展

新兴专业将更加强调可持续发展的理念。关注社会、经济和环境的可持续性，培养具有社会责任感的专业人才。

3.推动创新创业教育

未来新兴专业将更加注重创新创业教育。通过在课程中引入创业项目、培养创新思维，为学生提供创业能力培养，使其更具有创造力和创新精神。

4.引入人工智能和数字化技术

新兴专业将更多地引入人工智能和数字化技术。通过将最新的科技手段融入教学中，提高学生对技术发展的敏感度，培养数字时代所需的人才。

新兴专业设置与行业需求的匹配是高等教育发展中的一项重要任务。通过建立灵活的专业设置机制、整合实践与理论、加强与行业的沟通合作以及引入新兴技术手段等策略，高校可以更好地应对新兴产业的需求，培养符合时代要求的专业人才。未来，强化跨学科融合、强调可持续发展、推动创新创业教育，以及引入人工智能和数字化技术将是新兴专业设置与行业需求匹配的发展趋势。高校应积极跟进这些趋势，灵活调整专业设置，为学生提供更具前瞻性和实践性的教育，以更好地适应未来社会的需求。

二、专业调整与发展方向的定位

（一）概述

1. 背景

随着社会的变革和经济的发展，高等教育机构面临着不断变化的专业需求。专业调整与发展方向的定位成为高校面临的重要课题，直接影响到学科布局和人才培养质量。

2. 目的

本部分旨在深入研究专业调整与发展方向的定位问题，探讨其重要性、存在的问题以及未来的发展趋势，为高校提供科学合理的专业调整和发展建议。

（二）专业调整与发展方向的重要性

1. 适应社会需求

（1）行业发展趋势

专业调整需要紧密关注相关行业的发展趋势，确保学科设置与社会需求相契合，培养适应未来工作的人才。

（2）新兴领域需求

针对新兴领域的需求，及时调整专业设置，培养具有前沿知识和技能的专业人才，促进创新和科技进步。

2. 增强竞争力

（1）学科特色

通过明确定位和调整学科方向，提升专业的特色，增强在同类专业中的竞争力。

（2）提升就业率

紧密关注用人市场的需求，调整专业方向，提升学生的就业竞争力，使其更好地适应职场要求。

（三）专业调整与发展方向存在的问题

1. 缺乏前瞻性

一些高校专业设置过程中缺乏前瞻性，没有及时关注社会发展的新趋势，导致学科发展滞后。

2. 评估机制不足

部分高校的专业调整缺乏科学的评估机制，难以客观评估专业的实际效果，导致决策不够科学合理。

3. 专业设置单一

一些高校专业设置相对单一，缺乏交叉学科的整合，影响了人才的全面培养。

4. 缺乏行业对接

专业调整和发展方向缺乏与相关行业深度对接，导致毕业生不够符合实际用人需求。

（四）专业调整与发展方向的定位策略

1. 建立前瞻性的调研机制

（1）行业研究团队

建立与相关行业深度合作的研究团队，定期进行行业研究，获取行业发展的第一手资料。

（2）跨学科研究项目

推动跨学科研究项目，促使不同学科的教师参与到行业研究中，实现学科间的融合。

2. 设立专业发展委员会

（1）行业专家参与

设立专业发展委员会，邀请相关行业的专家参与，提供专业方向的建议和反馈。

（2）学生代表参与

为确保学生需求得到充分体现，邀请学生代表参与专业发展委员会，通过学生的视角了解专业设置的实际效果和改进意见。

3. 制定灵活的评估机制

（1）就业率与毕业生追踪

建立毕业生追踪机制，定期评估毕业生的就业率，并通过对毕业生的跟踪调查，了解其在职场的表现。

（2）行业认证与评估

积极争取行业认证，将专业的发展纳入行业评估体系中，以行业认可度作为专业发展的重要评价标准。

4. 推动跨学科整合

（1）跨学科课程设置

推动跨学科课程的设置，通过组织不同学科的教师合作授课，促进学科间的知识交流与整合。

（2）跨专业实践项目

开展跨专业的实践项目，鼓励学生在不同专业领域中进行实践，培养跨学科的综合素养。

5. 建立行业对接机制

（1）产学研合作基地

建立产学研合作基地，促使学校与相关行业建立更为紧密的合作关系，实现实际用人需求与专业培养的有效对接。

（2）行业导师制度

设立行业导师制度，邀请行业内资深专业人才担任导师，指导学生更好地了解行业现状和未来发展趋势。

6. 引入国际化元素

（1）国际合作项目

推动国际合作项目，引入国际化的教学资源，使学生能够更好地了解国际行业发展动态。

（2）国际化课程设置

通过国际化课程设置，培养学生具备跨文化沟通和合作的能力，提升其在国际舞台上的竞争力。

（五）未来专业调整与发展方向的发展趋势

1. 数字化与信息技术

未来专业调整将更加关注数字化与信息技术的应用。通过引入大数据、人工智能等技术元素，培养学生在数字化时代的适应能力。

2. 跨界融合

未来专业调整将更加强调跨界融合。鼓励不同学科、不同领域之间的合作，培养具备多领域知识的综合性人才。

3. 可持续发展

专业调整的未来发展趋势将更加注重可持续发展。学校应关注环境、社会和经济的可持续性，培养具有社会责任感的专业人才。

4. 终身学习

未来，专业调整将更注重培养学生的终身学习能力。学校应通过灵活的课程设置和学科体系，使学生具备在职业生涯中不断学习和适应新知识的能力。

专业调整与发展方向的定位是高等教育发展中的重要组成部分。通过建立前瞻性的调研机制、设立专业发展委员会、制定灵活的评估机制、推动跨学科整合、建立行业对接机制、引入国际化元素等策略，高校能够更好地适应社会需求，培养出更具竞争力的专业人才。未来，数字化与信息技术、跨界融合、可持续发展、终身学习将是专业调整与发展方向的主要发展趋势，高校应不断调整教育理念，顺应时代发展，为学生提供更为优质的教育。

三、专业管理与跨学科融合的实践

（一）概述

1. 背景

高等教育正面临日新月异的社会需求和知识发展，如何进行有效的专业管理以及促进跨学科融合成为高校关注的焦点。本部分将探讨专业管理与跨学科融合的实践，以适应未来综合素养需求。

2. 目的

通过深入研究专业管理与跨学科融合的实践，探讨其在高校教育中的意义、挑战、解决方案以及未来的发展方向，为高等教育机构提供可行的实践经验。

（二）专业管理的重要性

1.适应社会需求

（1）就业市场需求

专业管理需要紧密关注就业市场的需求，调整专业设置，培养适应社会发展的人才，提高毕业生的就业竞争力。

（2）行业发展趋势

专业管理应关注各行业的发展趋势，及时调整课程设置和教学内容，使专业更符合当前和未来的行业需求。

2.提升教育质量

（1）学科建设

通过专业管理，建设更为完善的学科体系，提高教育质量，增强学科的核心竞争力。

（2）教学资源整合

专业管理有助于更好地整合教学资源，优化师资力量，提高教学效果。

（三）跨学科融合的实践

1.定义跨学科融合

（1）学科间协同

跨学科融合是指不同学科之间进行协同合作，通过整合各学科的知识和方法，解决复杂问题，培养更具综合素养的人才。

（2）跨界合作

跨学科融合包括与其他领域，如工业、商业、社会等进行合作，促进学术和实际应用的有机结合。

2.跨学科融合的价值

（1）解决复杂问题

跨学科融合能够集聚不同领域的专业知识，共同解决复杂的现实问题，推动学术和社会的发展。

（2）培养创新人才

通过跨学科融合，培养学生具备跨领域思维和解决问题的创新能力，提高其适应未来社会的能力。

（四）专业管理与跨学科融合的挑战

1. 学科壁垒

（1）学科体制限制

传统学科体制可能限制了不同学科之间的合作，存在学科壁垒，阻碍了跨学科融合的发展。

（2）学科优越感

一些学科可能存在优越感，难以接受其他学科的观点和方法，影响跨学科融合的推进。

2. 教育体制约束

（1）评价体系

当前的评价体系可能更偏向传统学科的发表论文、获得专利等，而较少关注跨学科融合的贡献，影响了教师和学生参与的积极性。

（2）课程设置

部分高校的课程设置较为固定，难以满足跨学科融合的需要，学科之间缺乏交叉的机会。

（五）专业管理与跨学科融合的解决方案

1. 创新评价体系

（1）引入综合评价

设计更为全面的评价体系，包括学术论文、实践项目、团队合作等多方面的考核，鼓励跨学科融合的贡献。

（2）业界评价参与

引入企业和行业的评价机制，让实际用人需求参与到评价体系中，更好地反映学生的实际能力。

2. 跨学科课程设置

（1）设计综合性课程

开设综合性课程，涵盖多个学科领域，鼓励学生进行实际项目合作，培养跨学科融合的能力。

（2）引入实践项目

通过引入实践项目，使学生在解决实际问题中跨足多个学科，增强实际操作能力。

3.建立学科交流平台

（1）跨学科研讨会

组织跨学科研讨会，为教师提供交流学科思想和方法的平台，促进学科之间的沟通和合作。

（2）学科交叉培训

开展学科交叉培训，鼓励教师跨学科参与培训活动，提高其对其他学科的理解和认知能力。

4.激励机制与政策支持

（1）激励教师合作

建立激励机制，奖励积极参与跨学科融合的教师，包括学术研究和实际应用两方面。

（2）设立跨学科项目基金

设立专门的跨学科项目基金，资助有潜力的跨学科融合研究项目，提供财政支持。

5.推动教学体制改革

（1）引入跨学科学位

设立跨学科学位，为学生提供更多选择，鼓励学生在多个学科领域进行深入学习。

（2）开展教育改革试点

选取一些先进的高校，开展跨学科融合的教育改革试点，总结经验，为其他高校提供借鉴。

（六）未来专业管理与跨学科融合的发展趋势

1.技术与人文融合

未来，专业管理与跨学科融合将更加强调技术与人文的融合。通过将科技和人文知识相互结合，培养更全面、综合素养的专业人才。

2.国际化视野

未来，专业管理与跨学科融合将更加注重国际化视野。引入国际化的教学资源，培养学生具备全球背景的专业人才。

3.社会责任感

未来，专业管理与跨学科融合将更注重培养学生的社会责任感。通过将社会实践融入学科中，使学生更关注社会问题，具备解决社会问题的能力。

4.终身学习理念

未来，专业管理与跨学科融合将更强调终身学习的理念。培养学生具备持续学习的能力，适应知识快速更新的社会环境。

专业管理与跨学科融合的实践是适应当今高等教育发展趋势的必然选择。通过创新评价体系、跨学科课程设置、建立学科交流平台、激励机制与政策支持以及推动教学体制改革等策略，高校可以更好地推动专业管理与跨学科融合的实践。未来，技术与人文融合、国际化视野、社会责任感以及终身学习理念将成为专业管理与跨学科融合的重要发展方向，高校应积极跟进这些趋势，不断调整教育理念和体制，为培养更具综合素养的专业人才提供更加有力的支持。

第四节　高等院校课程建设与管理

一、课程体系设计的原则与实践

课程体系设计是教育领域中的重要任务之一，它直接影响着学生的学习成果和教育质量。为了确保构建一个有效的课程体系，设计者需要遵循一系列原则并将它们转化为实践。本部分将探讨课程体系设计的原则与实践，强调在设计过程中的重要考虑因素。

1.明确目标与需求分析

在课程体系设计的初期阶段，必须明确课程的目标和学生的需求。这需要进行深入的需求分析，包括对学科特点、学生背景、社会需求等方面的考察。明确定义课程目标有助于确保教育过程对学生的实际成长具有指导性。

实践建议：进行市场调查、学生调查和专业领域研究，以便全面了解学生和社会的需求，为课程目标的明确定义提供有力支持。

2. 关注多元教学法

课程体系设计应该充分考虑学生的多样性，包括学习风格、兴趣和智力水平。采用多元教学法，如项目驱动学习、合作学习和问题解决等，有助于满足不同学生的学习需求，提高教学的灵活性和适应性。

实践建议：在课程设计中融入多元教学法，设计不同类型的任务和评估方式，以激发学生的兴趣和潜力。

3. 课程内容的整合与更新

课程体系应该具有良好的内部整合，确保各个学科模块之间有机联系。同时，随着社会和科技的发展，课程内容也需要不断更新，以适应新的知识和技能要求。

实践建议：建立教师团队，定期审查和更新课程内容。引入前沿的科技和行业趋势，确保学生获得最新的知识和技能。

4. 灵活的评估体系

设计一个灵活而综合的评估体系对确保学生全面发展至关重要。除了传统的考试和论文，还应包括项目评估、实践操作和团队合作等形式，以更全面地了解学生的能力。

实践建议：采用多元的评估方式，注重培养学生实际操作和解决问题的能力。定期进行评估体系的审查，确保其与课程目标和学生需求保持一致。

5. 持续反馈与改进

课程体系设计不是一成不变的，而是需要不断反馈和改进的过程。教师应该与学生建立良好的沟通渠道，收集他们的反馈，并根据评估结果和社会反馈不断优化课程。

实践建议：定期进行课程评估，包括学生和教师的反馈。根据评估结果，及时调整教学方法、课程内容和评估体系，以不断提高课程的质量。

综合而言，课程体系设计的原则与实践是一个动态而复杂的过程。明确目标、关注多元教学法、整合更新内容、灵活评估以及持续反馈与改进是确保课程体系质量的重要因素。通过遵循这些原则，设计者可以更好地满足学生的需求，培养他们的全面发展和适应未来社会的能力。

二、跨学科课程开发与管理

跨学科课程是一种综合多学科知识、技能和概念的教育方法，旨在培养学生跨足不同学科领域的能力。在当今快速变化的社会和科技发展的背景下，跨学科课程的开发与管理变得愈发重要。本部分将探讨跨学科课程的概念、发展趋势以及有效的开发与管理方法。

（一）跨学科课程的概念

跨学科课程是指整合两个或更多学科领域的知识和技能，以促使学生更全面地理解和应用信息。这种课程设计旨在打破传统学科之间的界限，提供更具综合性的学习体验。跨学科教育有助于培养学生的综合思考能力、问题解决能力和创新精神。

（二）跨学科课程的发展趋势

随着社会的进步和科技的发展，跨学科课程的需求不断增加。以下是一些跨学科课程发展的趋势：

1. 跨学科团队合作

跨学科课程通常需要来自不同学科领域的教育专业人员合作。这种团队合作有助于整合各种学科的优势，呈现出更具综合性的教育体验。

2. 技术融合

科技的发展为跨学科课程提供了更多可能性。虚拟现实、人工智能和在线协作工具等技术的应用，可以丰富学生的学习体验，提高他们在跨学科领域的学习效果。

3. 实际问题导向

跨学科课程注重解决实际问题，使学生能够将所学知识应用于实际情境。这种实际问题导向的教学方法有助于培养学生的创新思维和实践能力。

（三）跨学科课程的开发

跨学科课程的开发是一项复杂的任务，需要深思熟虑的规划和执行。以下是一些有效的跨学科课程开发方法：

1. 明确定义学习目标

在跨学科课程开发的初期，需要明确定义学习目标。这些目标应该涵盖不同学科领域，确保学生能够全面理解和应用相关知识。

2.建立跨学科团队

组建一支具有多学科背景的教育团队是成功开发跨学科课程的关键。团队成员应该具备不同学科领域的专业知识，以确保课程的全面性和深度。

3.整合课程内容

跨学科课程的关键在于整合不同学科领域的内容。这需要团队成员之间的密切合作，确保各个学科的内容能够有机地结合在一起，形成一个完整的学习体系。

4.设计实践性任务

为了培养学生的实际应用能力，跨学科课程应该包含一些实践性任务。通过解决实际问题或参与项目，学生可以更好地理解和应用他们在课程中学到的知识。

（四）跨学科课程的管理

跨学科课程的管理涉及资源分配、教学评估和持续改进等方面。以下是一些有效的跨学科课程管理方法：

1.灵活的资源管理

由于跨学科课程涉及多学科领域，资源管理需要更加灵活。确保有足够的教育资源，以支持不同学科的教学和学习需求。

2.教学评估与反馈

实施有效的教学评估是跨学科课程管理的一个重要方面。通过定期评估学生的学习成果，及时调整课程设计，确保课程目标的实现。

3.持续改进

跨学科课程的管理需要持续改进的态度。收集学生和教师的反馈意见，不断优化课程内容和教学方法，以适应不断变化的学科和社会需求。

跨学科课程的开发与管理虽然是一项复杂而富有挑战性的任务，但它为学生提供了更广泛的学科视野和更全面的能力培养。通过明确定义学习目标、建立跨学科团队、整合课程内容以及灵活的资源管理和持续改进，可以有效地开发和管理跨学科课程，为学生提供更富有成效的学习体验。

三、课程质量评估与课程改革的循环机制

随着教育理念的不断演变和社会需求的日益变化，课程质量评估与课程改革成为教育领域中至关重要的议题。构建一个有效的循环机制，通过评估发现问题并在改革中不断优化课程，是提高教育质量、适应新时代需求的关键。本部分将探讨课程质量评估的概念、方法，以及与课程改革的循环机制相互作用的重要性。

（一）课程质量评估

1. 课程质量评估的概念

课程质量评估是一种系统性的过程，旨在衡量、评估和改进课程的设计、实施和效果。这一过程涵盖了多个层面，包括教学方法、学习资源、学生表现等。通过评估，教育机构能够了解课程的优势和不足，为未来的改革提供基础。

2. 课程质量评估的方法

在评估课程质量时，可以采用多种方法，其中包括：

（1）学生评价

学生是课程的主要参与者，他们的评价对了解课程的实际效果至关重要。学生评价可以通过问卷调查、焦点小组讨论等形式进行，以获取他们对课程设计、教学过程和学习体验的反馈。

（2）教学评估

教学评估涉及对教师的教学方法、教学效果以及对学生的指导能力进行评估。这可以通过同行评教、教学观摩等方式实施，以确保教学水平和质量的提高。

（3）课程设计分析

对课程设计的分析有助于确定课程目标的实现程度以及课程内容的合理性。这可以通过课程文件的审查、专家评审等手段进行。

（二）课程改革的循环机制

1. 课程改革的概念

课程改革是为了应对社会、科技、文化等方面的变化，不断优化课程内

容、教学方法和评估方式的过程。课程改革的目标是提高教育的适应性、灵活性和质量。

2. 课程改革的循环机制

课程改革应当建立在一个循环机制之上，以保证改革的连续性和效果。循环机制包括以下重要步骤：

（1）问题诊断

通过定期的课程质量评估，识别出课程存在的问题和不足。这可以通过收集学生、教师和专家的反馈，分析学生的学习表现以及评估教学效果来实现。

（2）目标设定

基于问题诊断的结果，设定明确的改革目标。这些目标应当与教育机构的整体发展战略相一致，确保改革的方向和目的明确。

（3）设计改革方案

制订符合改革目标的具体方案，包括调整课程结构、更新教学资源、改进评估方式等。在设计方案时，需要广泛征集意见，确保各方的参与和支持。

（4）实施改革

将设计的改革方案付诸实践。这需要有序地实施各项改革举措，监测进展，并及时调整以应对实际情况。

（5）评估效果

在改革实施后进行全面的评估，检查改革是否达到了预期的效果。这一评估可以通过学生的学习成绩、毕业生的就业情况、教师的教学满意度等指标进行。

（6）循环迭代

基于评估结果，对循环机制进行迭代，进一步优化课程和教学方法。这个过程是一个不断学习和改进的过程，确保课程改革的持续性和有效性。

（三）评估与改革的相互作用

1. 评估为改革提供依据

课程质量评估为课程改革提供了重要的依据。通过评估，教育机构可以深入了解课程的实际状况，明确改革的方向和重点，避免盲目改革，提高改革的更具针对性和效果。

2. 改革促使评估的深化

课程改革的实施推动了评估的深化。在改革的过程中，需要对改革方案的实施效果进行评估，从而为下一轮改革提供经验教训和参考。

3. 循环机制促进可持续改革

评估与改革的相互作用构成一个不断循环的过程。在这个循环中，评估为改革提供了数据支持，改革推动了评估的深化，而循环机制则确保了这个过程的连贯性和可持续性。

4. 实时反馈与及时调整

通过持续的评估，教育机构可以获得实时的反馈信息。这使得在课程实施的过程中，能够及时发现问题并进行调整。及时调整可以确保教学过程更加灵活，适应学生的需求和变化的社会环境。

5. 数据驱动的决策

评估结果提供的数据是改革过程中的重要参考。通过对数据的分析，决策者能够更明智地制定改革策略，确保改革方向的科学性和有效性。数据驱动的决策有助于提高改革决策的精准性，使改革过程更有针对性。

课程质量评估与课程改革的循环机制是教育体系不断进步、适应社会需求的关键。通过科学的评估方法和持续的改革措施，教育机构能够更好地适应时代的变革，为学生提供更贴近实际、更具创新性的教育体验。

第五节　高等院校实践教学管理

一、实践教学资源的整合与共享

实践教学资源的整合与共享是现代教育体系中的一项重要任务。通过整合和共享实践教学资源，教育机构能够提高教学效果、促进创新能力的培养，使学生更好地适应社会需求。本部分将探讨实践教学资源的概念、整合与共享的重要性，以及实现这一目标的方法和效益。

（一）实践教学资源的概念

1. 实践教学资源的定义

实践教学资源是指为促进学生实际操作和实践能力培养而提供的各种教育资源。这包括实验室设备、实地考察场地、行业实习机会、模拟项目等。实践教学资源的特点在于其可以直接关联到学生在实际应用中所需掌握的知识和技能。

2. 实践教学资源的形式

实践教学资源可以以多种形式存在：

（1）实验室设备

包括物理实验室、化学实验室、生物实验室等，用于进行实际的实验和操作。

（2）实地考察场地

提供学生实地了解和研究特定行业或领域的机会，如企业工厂、自然生态区域等。

（3）行业实习机会

为学生提供在真实职场环境中实践和学习的机会，增强其职业素养。

（4）模拟项目

通过虚拟仿真或模拟情境，让学生在模拟环境中进行实际操作和决策，提高其实践能力。

（二）整合与共享的重要性

1. 整合实践教学资源的优势

（1）提高资源利用效率

通过整合不同学科、不同机构的实践教学资源，可以避免资源的重复建设，提高资源的利用效率。

（2）促进综合性学习

整合实践教学资源有助于打破学科壁垒，促进综合性学习。学生可以从多个角度、多个领域获得更全面的知识和技能。

（3）提升教学质量

整合的实践教学资源可以更好地满足学生的实际需求，提升教学质量。

学生通过实践更容易理解和应用所学知识。

2.共享实践教学资源的优势

（1）扩大资源覆盖范围

共享实践教学资源可以使得原本受限于地域和条件的资源得以共享，从而扩大资源的覆盖范围，让更多学生受益。

（2）提高资源的可及性

共享可以提高实践教学资源的可及性，让更多的学校和教育机构能够共同利用先进的实践设备及场地。

（3）促进合作与交流

共享实践教学资源可以促进学校和机构之间的合作与交流，搭建起资源共享的平台，推动教育领域的协同发展。

（三）实现实践教学资源整合与共享的方法

1.制定统一标准

在整合和共享实践教学资源之前，需要制定统一的标准，确保各种资源的质量和可操作性。这包括设备标准、实践操作规范等。

2.建立信息平台

建立一个信息平台，集中管理和发布各类实践教学资源。这个平台可以包括在线实验室、虚拟实地考察、网络模拟项目等。

3.构建共享机制

构建明确的共享机制，包括资源使用规范、资源费用分担、使用时段等。这有助于保障资源共享的公平和可持续性。

4.加强教师培训

教师在实践教学中的角色至关重要。因此，加强教师的培训，使其能够充分利用整合和共享的实践教学资源，提高实践教学效果。

（四）实践教学资源整合与共享的效益

1.学生能力的全面提升

通过更广泛、更深入的实践教学资源，学生将能够更全面地提升专业技能、解决问题的能力以及团队协作意识。

2. 教学效果的提高

整合与共享实践教学资源有助于提高教学的灵活性和针对性，使教学更加贴近实际需求，提高学生的学习兴趣和参与度。

3. 学科交叉的促进

实践教学资源的整合与共享有助于促进学科交叉。学生可以通过跨学科的实践活动更好地理解不同领域之间的关联，培养综合性思维和解决问题的能力。

4. 资源利用效率的提高

整合与共享实践教学资源能够减少资源的浪费，提高资源利用的效率。共享先进的实践设备、技术和场地，使得各方都能够分享先进资源，避免重复投入。

5. 教育资源均衡的推动

通过整合和共享，能够促进教育资源的均衡分布。一些地区或学校可能因条件有限而难以提供高质量的实践教学资源，而通过共享，这些地区也能够获得先进的资源，实现资源的均衡分配。

实践教学资源的整合与共享是提高教育质量、培养学生实践能力的重要途径。通过整合各类实践教学资源，能够提高资源的利用效率，促进学科交叉，实现教育资源的均衡分配。共享实践教学资源则可以使得资源得以更广泛地覆盖，提高资源的可及性，推动教育领域的协同发展。

二、实践教学指导体系的构建

实践教学是教育过程中至关重要的一环，通过实际操作和实践活动，学生能够更好地理解和应用所学知识。为了有效地引导学生进行实践教学活动，构建一个科学、系统的实践教学指导体系是至关重要的。本部分将探讨实践教学指导体系的概念、建设的重要性、关键要素以及实施的方法。

（一）实践教学指导体系的概念

1. 实践教学的特点

实践教学是指通过实际操作、实验、实地考察等方式，让学生在实际情境中应用和巩固所学知识，培养其实际操作和解决问题的能力。与传统的理论教学相比，实践教学更强调学生的参与和实际操作，有助于将理论知识转化为实际能力。

2. 实践教学指导体系的定义

实践教学指导体系是为了引导学生进行实践教学活动而构建的一套科学、系统的指导体系。它涵盖了教学目标的设定、实践活动的组织与实施、学生评价和反馈等多个方面，旨在使实践教学更有针对性、有效性和可持续性。

（二）实践教学指导体系的重要性

1. 培养实际应用能力

实践教学指导体系能够有针对性地设计实践活动，使学生能够在实际操作中培养实际应用能力。通过实际动手操作，学生更容易将理论知识转化为实际操作技能。

2. 促进跨学科整合

实践教学涉及多学科的知识和技能，实践教学指导体系有助于促进不同学科领域的整合。学生在实践中能够综合运用各种学科的知识，实现跨学科的整合学习。

3. 提高学生的问题解决能力

实践教学强调问题解决和实际应用，实践教学指导体系的建设有助于培养学生的问题解决能力。通过实践活动，学生能够面对实际问题，提出解决方案，并进行实际操作验证。

4. 加强理论与实践的结合

实践教学指导体系的建设有助于加强理论与实践的结合。通过科学的实践教学指导，能够使学生更好地理解理论知识，并能够在实际操作中加以应用。

（三）实践教学指导体系的关键要素

1. 教学目标的明确

明确的教学目标是实践教学指导体系的基础。教学目标应该能够明确反映实践教学的期望成果，具体到学生在实践中应具备的知识、技能和能力。

2. 实践活动设计与组织

实践活动的设计和组织是实践教学指导体系的核心要素。需要考虑到实践活动的实际情境、流程安排、资源需求等方面，确保实践活动能够有效地达到教学目标。

3. 学生参与与互动

学生的参与和互动是实践教学的关键。实践教学指导体系应该设计激发学生兴趣、鼓励学生参与和合作的机制，确保学生在实践中能够积极参与，提高实践教学的效果。

4. 评价与反馈机制

建立科学的评价与反馈机制是实践教学指导体系的必备要素。通过有效的评价，可以客观地了解学生在实践中的表现，为他们提供及时的反馈。评价应该包括对学生实际操作的评估、问题解决能力的考察以及团队协作等方面，全面反映学生在实践中的综合素养。

5. 师资团队的支持

实践教学指导体系的成功建设离不开具备丰富实践经验的师资团队。教师需要具备跨学科的知识背景，能够有效地组织实践活动，并在实践中引导学生实现教学目标。

6. 资源保障与支持

为了确保实践教学的顺利进行，需要有足够的实践教学资源的保障。这包括实验室设备、场地、技术支持等方面的资源。同时，还需要有行政层面的支持，确保实践教学活动得到必要的支持和认可。

（四）实施实践教学指导体系的方法

1. 制订明确的实践教学计划

在建设实践教学指导体系之前，需要制订明确的实践教学计划。这包括确定教学目标、规划实践活动、明确实践教学的时间安排等。计划应该有针对性地反映实际教学需求，确保实践教学的有效性。

2. 提供师资培训

为师资团队提供相关的培训，使其更好地理解实践教学指导体系的理念和方法。培训内容可以包括实践教学设计、学科整合、实践评价等方面的知识和技能。

3.建立实践教学资源库

建立实践教学资源库，集中管理和共享各类实践教学资源。这可以包括实验室设备清单、实践教学案例、实践活动设计模板等，为教师提供便捷的资源获取途径。

4.推动跨学科合作

实践教学往往涉及多个学科领域，需要跨学科的合作。推动不同学科的教师之间的合作，促进学科知识的整合，确保实践教学活动能够全面发展。

5.引入先进技术手段

利用先进的技术手段，如虚拟实验室、远程实践平台等，拓展实践教学的形式。这有助于突破地域和设施的限制，提高实践教学的灵活性和可及性。

（五）实践教学指导体系的效益

1.提升学生实际操作能力

通过科学的实践教学指导体系，能够更好地引导学生进行实际操作，提升其实际操作能力。学生在实践中能够更深刻地理解和应用所学知识。

2.培养学生团队协作意识

实践教学注重学生之间的合作与互动，科学的指导体系有助于培养学生的团队协作意识。学生应在实践中学会分工合作，共同完成实践任务。

3.增强问题解决能力

通过实践教学指导体系的建设，能够更好地培养学生的问题解决能力。实践活动往往涉及真实问题，学生在实践中需要运用所学知识解决实际问题，提高其实际问题解决的能力。

4.推动教学改革

实践教学指导体系的建设有助于推动教学改革。它引入了更多的实践元素，促使教学更加贴近实际需求，推动教学从传统的以教师为中心向以学生为中心的模式转变。

三、实践教学效果评估与优化

实践教学在现代教育中扮演着至关重要的角色，它通过实际操作和实践活动，使学生能够更好地理解和应用所学知识。然而，实践教学的效果评估与优化是教育质量提升的重要环节。本部分将探讨实践教学效果评估的概念、重要性、关键要素，以及优化实践教学的方法和策略。

（一）实践教学效果评估的概念

1. 实践教学效果

实践教学效果是指学生在实际操作和实践活动中所达到的学习成果和能力水平。这包括知识的掌握程度、实际操作技能、问题解决能力、团队协作意识等方面的综合表现。

2. 实践教学效果评估

实践教学效果评估是通过系统的方法和工具，对实践教学的学习成果与效果进行全面、客观的评价。评估的目的是了解实践教学的质量，为教育质量提升提供依据和方向。

（二）实践教学效果评估的重要性

1. 确保教学目标的达成

通过实践教学效果评估，可以检验教学目标是否达成。这有助于教育者了解学生在实践中所取得的成果，对教学目标进行科学的量化和评估。

2. 促进教学过程的优化

实践教学效果评估不仅仅关注学生的学习成果，还包括对教学过程的评价。通过评估结果，教育者能够识别教学中存在的问题，进而优化教学过程，提高教学效果。

3. 提高学生的实际应用能力

实践教学注重培养学生的实际应用能力，而实践教学效果评估则是检验学生在实际应用中能力发展的重要手段。通过评估结果，教育者可以了解学生的实际应用水平，为进一步提升学生能力提供指导。

4. 推动教育改革

实践教学效果评估是教育改革的重要组成部分。通过不断评估实践教学的效果，可以发现问题、总结经验，从而推动教育体系向更为灵活、创新的方向发展。

（三）实践教学效果评估的关键要素

1. 教学目标与评估标准

教学目标与评估标准是实践教学效果评估的基础。教学目标需要明确、具体，评估标准应该与教学目标相对应，确保评估的客观性和科学性。

2. 评估方法与工具

选择合适的评估方法和工具是实践教学效果评估的关键。评估方法可以包括实地考察、实验报告、案例分析等，评估工具可以包括问卷调查、学科考试、实际操作记录等。

3. 学生自我评价与反馈

学生自我评价与反馈是实践教学效果评估的重要环节。通过让学生参与自我评价，能够更好地了解他们对学习过程和成果的认知，促进其主动参与学习。

4. 教学过程的监控与记录

教学过程的监控与记录是实践教学效果评估的重要手段。教育者可以通过实时监控和记录教学过程中的互动、学生表现等信息，为后续评估提供数据支持。

5. 教师团队的专业水平

教师团队的专业水平直接关系到实践教学的质量。教育者应该关注教师的专业素养、实践经验等，确保教师具备足够的能力开展实践教学，并从中获取更为真实的评估结果。

（四）实践教学效果评估的方法与策略

1. 多元化评估方法的应用

采用多元化的评估方法，综合考查学生在不同方面的表现。除了传统的考试评估，还可以结合实际操作、项目评估、案例分析等多种方式，从而更全面地了解学生的学习状况。

2. 引入 360 度评估机制

引入 360 度评估机制，包括学生、教师、同行以及行业专家的评价。通过多方参与的评估，可以更全面地了解实践教学的效果，避免单一视角的片面评估的局限性，提高评估结果的客观性和准确性。

3.制定有效的评估标准

制定清晰、明确的评估标准，确保评估过程具有科学性和可操作性。标准应当与实践教学的特点和教学目标相匹配，以便更好地指导教学和评估实践效果。

4.借助技术手段进行评估

借助现代技术手段，如在线评估系统、数据分析工具等，提高评估的效率和精准度。这可以帮助教育者更快速地收集和分析评估数据，及时发现问题并采取改进措施。

5.实施周期性评估与反馈

建立周期性的评估与反馈机制，不仅可以在实践教学过程中及时发现问题，也能够为未来的教学提供经验总结和优化建议。通过不断地循环评估，逐步提高实践教学的质量。

（五）实践教学效果评估与优化的效益

1.促进学生个性化发展

通过实践教学效果评估，可以更好地了解每个学生的个体差异，为其提供个性化的教学和发展建议。这有助于更全面地促进学生的发展。

2.提高教学质量

通过实践教学效果评估，教育者能够深入了解教学过程中的问题和不足，有针对性地进行调整和优化。这有助于提高教学质量，满足学生的实际需求。

3.推动课程和教学方法的创新

实践教学效果评估可以为课程和教学方法的创新提供有力支持。通过对教学效果的分析，可以发现新的教学模式和方法，推动教育创新。

4.促进教育改革的推进

实践教学效果评估不仅关注学生个体的发展，还涉及整体教育质量的提升。通过评估结果，能够为教育改革提供数据支持和方向指导，推动教育体制的不断优化。

第三章　新形势下高等院校人力资源管理

第一节　人力资源与高等院校教师人力资源

一、高等院校教师队伍的现状与特点

高等院校教师队伍是整个高等教育系统中的重要组成部分，对培养应用型人才、推动地方经济社会发展具有重要作用。本部分将从高等院校教师队伍的规模、结构、素质、发展趋势等方面进行分析，深入探讨高等院校教师队伍的现状与特点。

（一）高等院校教师队伍的规模

1.教师总体规模

近年来，随着高等院校的迅速发展，教师队伍规模也在逐步扩大。许多高等院校在招生规模不断增加的同时，面临着对更多教师数量的需求。各地政府对高等院校的支持力度加大，进一步推动了教师队伍规模的扩大。

2.专业领域分布

高等院校的专业设置相对较为广泛，因此，教师队伍的专业领域也相对多样。不同专业领域的需求差异导致了教师队伍的分布不均衡，一些热门专业可能会吸引更多的教师。

（二）高等院校教师队伍的结构

1.学历结构

高等院校教师队伍的学历结构相对较为多元。在高等教育中，既有具有博士学位的教师，也有专业技术背景丰富的实践型教师。这一多元化的学历

结构有助于更好地满足高等教育的需求。

2. 职称结构

高等院校教师的职称结构呈现出较为平均的状态。相比一些综合性大学，高等院校中通常职称评审相对较灵活，更注重教学和实践经验，这也使得不同职称的教师在高等院校更容易得到发展。

3. 年龄结构

高等院校教师的年龄结构相对年轻化。在高等教育领域，许多教师是在一线工作多年后转入教育行业的，因此整体上呈现出相对年轻的特点。这也使得高等院校的教师队伍更具活力。

（三）高等院校教师队伍的素质

1. 实践经验

高等院校注重培养学生的实际操作能力，因此对教师的实践经验有较高的要求。许多高等院校更愿意招聘在实际工作中积累了丰富经验的专业人士作为教师，以更好地满足应用型人才培养的需求。

2. 教学能力

高等院校的教学任务主要聚焦培养学生的实际应用能力，因此教师的教学能力显得尤为重要。教师需要具备扎实的专业知识，能够将理论知识与实际应用相结合，激发学生的学习兴趣。

3. 适应性和创新能力

由于高等院校的教学任务与社会需求紧密相连，对教师的适应性和创新能力提出了更高的要求。教师需要及时了解行业动态，调整教学内容和方法，以适应社会和行业的发展变化。

（四）高等院校教师队伍的发展趋势

1. 提高教师整体素质

未来高等院校教师队伍将更加注重整体素质的提升。除了专业知识，教师还需要具备更强的创新精神、团队协作意识和跨学科综合能力，以更好地适应应用型人才培养的需要。

2. 加强教育技术应用

随着信息技术的迅速发展，未来高等院校教师队伍将更加注重教育技术的应用。教师需要掌握先进的教育技术，更好地运用在线教育、远程教学等手段，提高教学效果。

3. 促进学科交叉与合作

未来高等院校教师队伍将更加倾向学科交叉与合作。不同专业领域的教师之间需要加强沟通与合作，推动学科交叉的发展，以培养更具综合素质的应用型人才。

4. 强化行业经验的培养

为更好地满足实际职业需求，高等院校未来将更加注重培养教师的行业经验。鼓励教师参与实际产业项目，深入行业实践，以更好地传递实际经验给学生。

5. 推动国际化发展

高等院校的教师队伍在未来将更加注重国际化发展。加强国际交流与合作，引入国际化的教学理念和方法，培养学生的国际竞争力，为他们提供更广阔的发展空间。

二、教师人力资源的重要性与战略定位

教师是教育事业的中坚力量，直接关系到教育质量和学生的成长。教师人力资源的合理配置和高效管理对学校的发展至关重要。本部分将探讨教师人力资源的重要性、在学校战略中的定位，以及实现战略定位的重要措施，旨在深入了解如何充分发挥教师人力资源的潜力，实现教育目标。

（一）教师人力资源的重要性

1. 教育事业的关键驱动力

教育事业以人为本，而教师则是推动教育事业向前发展的核心驱动力。教师的专业素养、教学水平和教育理念将直接影响到学生的学习效果与个人发展，决定着一个学校的整体教育质量。

2. 学生成长的引导者

教师不仅仅是知识的传递者，更是学生成长的引导者。在学生成长的关键阶段，教师的言传身教对学生性格、价值观和职业规划的形成具有深远的影响。因此，教师人力资源的质量直接关系到学生成才的品质。

3.学校声誉的塑造者

学校的声誉在很大程度上取决于教师团队的整体素质和学术水平。优秀的教师团队能够为学校树立良好的品牌形象，提升学校的社会影响力，吸引更多优秀学生和教育资源。

4.教育创新的推动者

在不断变革的时代，教育创新是教育事业发展的内在需求。优秀的教师具备创新精神，能够引领教育理念的创新，推动教学方法和手段的升级，为学校在激烈的竞争中保持竞争力提供强大动力。

（二）教师人力资源的战略定位

1.教育目标的实现者

教育目标是学校存在的首要原因，而教师则是实现教育目标的重要力量。在制定学校战略时，要将教师视为教育目标的实现者，通过培养和引导教师，确保他们能够积极投入教学工作中，推动学校教育事业的快速发展。

2.学科建设的领导者

学科建设是提高学校整体教育水平的有效途径。在学校战略中，教师应该被定位为学科建设的领导者，要充分发挥他们的专业优势，引领学科发展方向，通过团队合作推动学科的深度和广度拓展。

3.课程体系的设计者

课程是教育的核心，是学校教学的基本单元。在制定学校战略时，教师应该被定位为课程体系的设计者，积极参与课程的制定和更新，确保课程内容符合时代需求，更贴近学生兴趣，提高教学实效。

4.教学方法的创新者

教学方法的创新是适应时代发展的必然要求。在学校战略中，教师应该被定位为教学方法的创新者，鼓励他们利用新技术、新手段，尝试不同的教学模式，提高教学的灵活性和适应性。

5.素质教育的实践者

素质教育是培养学生全面发展的重要途径。在学校战略中，教师应该被定位为素质教育的实践者，要关注学生个体差异，通过个性化的教学方法，培养学生的创新能力、团队协作能力和终身学习的意识。

（三）实现战略定位的重要措施

1. 制定明确的教育战略

学校在实现教师人力资源战略定位时，首先要制定明确的教育战略。这包括设定明确的教育目标、明确学科建设方向、确定课程体系，以及规划素质教育目标。教育战略应当具有前瞻性和可操作性，为教师提供明确的方向和目标。

2. 建立灵活的激励机制

建立灵活的激励机制是吸引、培养和留住优秀教师的重要手段。学校可以通过提供良好的薪酬福利、搭建职业发展通道、设立奖励机制等方式，激励教师更好地发挥自身优势，努力实现学校的战略目标。

3. 加强教师培训与发展

为了适应快速变化的教育环境，学校应该加强对教师的培训。培训可以涵盖学科知识更新、教育技术应用、创新教学方法等方面，提高教师的综合素养和适应性。通过建立健全的培训体系，推动教师不断提升自身水平，更好地服务学校的战略目标。

4. 鼓励跨学科合作

跨学科合作有助于推动学科的创新和整合，提高学校整体水平。学校可以鼓励教师进行跨学科合作研究，建立跨学科研究团队，促进不同学科领域的交流与融合。这有助于学校战略目标的全面实现。

5. 加强教师与学生的互动

建立良好的师生关系对学校教育事业的发展至关重要。学校应该鼓励教师与学生进行更多的互动，包括开展学术沙龙、组织实践活动、提供个性化辅导等。通过加强师生之间的联系，促进教学效果的提升，实现学校战略目标的顺利推进。

三、人才培养模式对教师人力资源的影响

人才培养是教育事业的核心任务，而教师人力资源作为推动人才培养的主要力量，其素质和能力直接关系到培养质量和教育效果。人才培养模式作为塑造学生成长路径的关键因素，对教师人力资源产生深刻的影响。本部分

将探讨不同人才培养模式对教师人力资源的影响，以及如何通过合理的人才培养模式优化和发展教师队伍。

（一）不同人才培养模式的概述

1.传统人才培养模式

传统人才培养模式主要侧重传授基础知识和理论，强调对学科专业知识的系统学习。这种模式下，教育更注重学科内涵的传递，而对学生综合素质的培养相对较少。教师在这一模式下通常以知识传授者和学科专业者为主。

2.应用型人才培养模式

应用型人才培养模式强调将所学知识与实际应用相结合，注重学生的实践能力和解决问题的能力培养。这一模式下，学生更多地参与实际项目和实践活动，培养的是能够灵活运用知识的应用型人才。教师在这一模式下需要更多关注实际案例、行业动态，强化实践教学。

3.创新创业人才培养模式

创新创业人才培养模式注重培养学生的创新意识和创业能力，倡导学生在学习过程中能够提出并解决实际问题，培养具有创新创业精神的人才。在这一模式下，教师需要更加关注学科交叉、创新项目的组织和指导，发挥导师的引领作用。

（二）人才培养模式对教师人力资源的影响

1.教学方法的变革

不同人才培养模式对应着不同的教学方法，这直接影响到教师的教学理念和实践。在传统人才培养模式下，教师更倾向采用讲授式教学，注重知识的传授。在应用型和创新创业人才培养模式下，教师更注重互动式、实践性的教学方法，通过案例分析、项目指导等方式培养学生的实际应用能力和创新创业精神。

2.教学内容的调整

不同的人才培养模式对应不同的教学内容。在应用型人才培养模式下，教师更加关注将学科理论与实际案例相结合，注重培养学生的实践动手能力。在创新创业人才培养模式下，教师更侧重引导学生进行创新项目、科研实践，关注学科之间的交叉，培养学生的跨学科思维。

3. 学科专业的调整

随着人才培养模式的变革，不同学科专业也会受到影响。传统人才培养模式下，学科专业相对独立，注重学科知识的深入学习。在应用型和创新创业人才培养模式下，学科专业更容易出现交叉和融合，形成新的交叉学科专业。这将对教师的学科背景和跨学科能力提出更高要求。

4. 课程设置的改革

不同人才培养模式对课程设置提出不同的要求。在应用型人才培养模式下，需要更多的实践性课程，如实训课、实习课等。在创新创业人才培养模式下，需要设置更多的创新项目、创业实践类课程。这使得教师需要不断创新和调整课程设置，以适应不同人才培养模式的需求。

（三）优化教师人力资源的策略

1. 提高教师跨学科能力

随着人才培养模式的变革，教师需要具备更强的跨学科能力，能够在不同领域进行有效的交叉合作。学校可以通过开设跨学科培训课程，提供教师参与跨学科研究和项目的机会，鼓励教师参与不同专业的教学，促进跨学科能力的培养。此外，学校还可以建立跨学科研究团队，促进教师之间的跨学科合作，共同推动人才培养模式的升级。

2. 强化教师实践经验

应用型和创新创业人才培养模式注重学生实践能力的培养，教师要更好地引导学生，就需要具备更多的实践经验。学校可以通过鼓励教师参与产业实践、企业项目合作，提供更多实际操作机会，使教师更深入了解行业动态和实际问题，从而更好地培养学生的实践能力。

3. 支持教师创新教学方法

不同的人才培养模式对应不同的教学方法，创新教学方法的应用需要教师在教学理念和方法上有更大的灵活性。学校可以设立创新教学奖励机制，鼓励教师尝试新的教学方法，推动教育教学的创新。提供培训和交流平台，让教师分享创新的教学经验，形成共同进步的氛围。

4. 建立导师制度，引导学生个性发展

创新创业人才培养模式下，强调对学生个性发展的关注，教师需要更多地扮演导师的角色，关注学生的兴趣、特长和发展方向。学校可以建立健全的导师制度，将导师的作用发挥到最大，通过个性化辅导、职业规划等方式，引导学生更好地发掘和发展自己的特长，从而培养更具创新能力的人才。

5. 促进教师与企业的合作

创新创业人才培养模式注重培养学生的创业能力，教师要更好地引导学生，就需要更紧密地与企业进行合作。学校可以建立产学研合作机制，鼓励教师参与企业项目，将实际工作经验融入教学过程。这样不仅可以提升教师的实践能力，也能更好地培养学生的实际应用能力。

第二节　高等院校教师人力资源管理的目标与原则

一、教师团队建设的总体目标设定

教育事业的发展离不开优秀的教师团队，而教师团队建设是学校提升教育质量、培养高素质人才的重要保障。本部分将围绕教师团队建设，探讨建设过程中的总体目标设定，以期为学校在教师队伍建设上提供可行的指导和策略。

（一）教师团队建设的背景

1. 教育环境的变化

随着社会的不断发展和变化，教育环境也在发生深刻的变化。新的教育理念、技术手段的涌现，学科交叉与融合，都对教师队伍提出了更高的要求。教师团队建设应当适应这一变化，使之更好地适应新时代的教育需求。

2. 人才培养模式的创新

人才培养模式的创新对教育体系具有重要意义。传统的教育模式强调知识传授，而现代要求更注重学生实际能力和综合素质的培养。这要求教师团队具备更广泛的教育观念和更灵活的教学方法，因此，教师团队建设需要与人才培养模式的创新相匹配。

3. 社会对优秀教育的需求

社会对优秀教育的需求越来越高，不仅仅要求学生掌握专业知识，更关注其创新能力、团队协作能力和实践能力。为了更好地满足社会的需求，学校需要建立一支能够胜任这些任务的优秀教师团队。

（二）教师团队建设的总体目标

1. 建设高水平的专业团队

建设高水平的专业团队是教师团队建设的首要目标。这需要教师具备深厚的学科知识，关注学科的最新发展动态，能够将学科知识有机整合，提升团队整体的学科水平。通过定期学科研讨会、学术交流等形式，促使教师深入学科领域，形成高水平的专业团队。

2. 培养具有创新精神的团队

现代教育需要培养具有创新精神的人才，而教师团队是培养学生创新精神的关键力量。因此，建立具有创新精神的教师团队是一个重要目标。学校可以通过鼓励教师参与创新项目、开展科研与实践结合的教学等方式，激发教师的创新潜力，形成富有活力和创造力的团队。

3. 培养团队协作意识和团队精神

教育事业需要多学科、多领域的协同合作，因此，培养团队协作意识和团队精神是教师团队建设的重要目标。学校可以通过开展团队建设培训、设立团队奖励机制、组织跨学科合作项目等方式，促进团队成员之间的交流与合作，培养团队协作的意识。

4. 关注教师个体发展

尽管团队协作很重要，但也需要关注教师个体的发展。每位教师都有自己的专业特长和兴趣点，学校应该为教师提供个性化的发展空间。这涉及教师的职业发展规划、个性化培训计划等方面，使每个教师在团队中都能发挥出最大的潜力。

5. 建设积极向上的团队文化

团队文化是教师团队建设的灵魂。学校需要倡导积极向上的团队文化，鼓励教师在工作中互相支持、共同进步。建立积极向上的团队文化需要从学术交流、师德建设、教学评价等多个方面入手，形成共同遵循的团队价值观。

（三）实现目标的关键策略

1. 制订明确的教师发展规划

为实现上述总体目标，学校需要制订明确的教师发展规划。这一规划应该明确教师团队建设的阶段性目标和发展方向。其中，包括但不限于：

学科发展规划：设定学科建设的具体目标，鼓励教师参与学科交流、合作研究，推动学科发展。

创新项目规划：制订支持教师参与创新项目的计划，鼓励教师提出教学改革、科研创新等项目。

团队协作规划：设计团队协作的机制和平台，通过团队建设培训、项目组建等形式，提高团队协作水平。

2. 提供全方位的教师培训

为了促进教师的专业发展和个性化成长，学校需要提供全方位的教师培训。这包括：

学科培训：针对不同学科领域，提供前沿知识、新方法的培训，推动学科建设。

创新创业培训：鼓励教师参与创新创业培训，培养创新意识，推动创新教育。

团队协作培训：提供团队建设培训，加强团队协作技能和沟通能力的培养。

3. 设立激励机制

激励机制是推动教师团队建设的有效手段。具体而言，可以采取以下措施：

奖励制度：设立学科研究奖、创新创业奖等，激励教师在各个方面取得突出成绩。

晋升机制：建立清晰的晋升通道，通过学科贡献、创新项目、团队协作等方面的评价，提高教师的晋升机会。

个性化激励：考虑到教师个体差异，可以制订个性化激励计划，如提供专业发展基金、参与国际研修等机会，满足不同教师的成长需求。

4. 加强团队沟通与交流

团队沟通与交流是促进团队协作的重要环节。学校可以采取以下措施：

定期会议：安排团队定期会议，分享工作经验、学科动态、教学心得等，促进成员之间的交流。

在线平台：建立在线平台，方便教师随时随地分享资源、交流观点，促进信息共享。

团队活动：组织团队活动，如团建活动、学科沙龙等，增进成员之间的感情，培养团队凝聚力。

5. 关注教师个体发展需求

每位教师都有自己的发展需求和特长，因此，学校应当：

个性化培训计划：制订个性化的培训计划，满足教师在学科发展、创新教学、团队协作等方面的个体需求。

职业发展规划：支持教师进行职业发展规划，帮助教师明确个人发展目标和职业路径，鼓励他们在自己擅长的领域发光发热。

6. 强化团队建设文化

团队建设文化是教师团队协作的基础。为此，学校可以：

倡导共同价值观：确立共同的团队核心价值观，引导教师形成共同的教育理念，增强团队凝聚力。

庆典与表彰：定期举行庆典活动，表彰团队和个体的优秀成绩，激发教师的工作热情。

创建积极向上的工作氛围：通过营造积极向上的工作氛围，激发教师的创新激情，共同推动团队发展。

（四）面临的挑战与未来展望

1. 教育体制的创新

当前，教育体制的创新和改革仍然面临一系列挑战。为更好地支持教师团队建设，学校需要积极参与教育体制的创新，推动促进教育管理方式的灵活性和科学性。

2. 跨学科协同的难度

随着学科交叉需求的增加，跨学科协同在教师团队建设中显得尤为重要。然而，实现跨学科协同仍然存在一些困难，需要学校在资源整合、团队培训等方面提供更多支持。

3. 教育技术的融入

未来教育的发展离不开教育技术的融入。学校需要关注新兴教育技术的应用，为教师提供相应的培训，促使其更好地运用技术手段提升教学效果。

4.国际化视野的提升

全球化时代，教育国际化发展势不可挡。学校在教师团队建设中，应该鼓励教师拓展国际化视野，参与国际性的学术合作、项目合作，提升整体的教育水平。

5.个性化发展需求的挑战

教师个性化发展需求较为复杂，如何在团队建设中满足不同教师的个性化需求是一个挑战。学校可以通过制订个性化的教师培训计划、提供个性化的职业发展辅导等方式，逐步解决这一问题。

教师团队建设是学校教育事业的基础性工作，通过设定明确的总体目标和采取切实可行的策略，学校能够更好地引领教师队伍适应时代变革，更好地推动教育事业的发展。在未来，教师团队建设将继续面临新的挑战，但也将迎来更多的机遇，促使学校在教育领域中走向更加繁荣和创新。

二、人力资源管理的基本原则

人力资源管理是组织管理中至关重要的一环，其有效性直接影响到组织的绩效和竞争力。人力资源管理的基本原则是为了使组织能够更好地利用和发展人力资源，实现组织整体目标。本部分将围绕人力资源管理的基本原则展开讨论，深入探究这些原则在组织中的应用和重要性。

（一）公正与平等原则

1.体现平等机会

公正与平等原则强调在人力资源管理中要体现平等机会，即每位员工都应该有平等的晋升、培训、奖励等机会。不论性别、种族、年龄、宗教信仰等因素，都不应该成为员工获取权益和机会的障碍。组织应建立公平的招聘、评价和晋升机制，确保每位员工在组织中都有公正的发展机会。

2.打破性别和种族歧视

人力资源管理要切实打破性别和种族歧视，通过建立公正的薪酬体系、平等的晋升机制等方式，确保员工在职业发展中受到公正对待。同时，鼓励多元文化的融合，创造一个包容多元的工作环境，提升员工的归属感和工作满意度。

3. 公正的薪酬管理

在薪酬方面，公正与平等原则要求对相同工作或同等价值的工作给予相同的报酬。避免因为个体差异而导致薪酬不公，建立透明的薪酬制度，使员工对薪酬分配有清晰的认知，减少不公平感。

（二）招聘与选拔原则

1. 择优录用

招聘与选拔原则的核心是择优录用，即在招聘过程中选择最适合组织需求的候选人。这需要建立科学的招聘流程，包括明确的招聘标准、有效的面试和评估方法等。通过面向未来需求的招聘策略，确保新员工与组织文化和价值观相契合。

2. 多元化招聘

多元化招聘原则强调在招聘过程中要追求员工群体的多元性，包括性别、种族、文化背景、年龄等方面的多样性。多元化团队能够带来不同的思维方式和创新观点，有助于提升组织的综合竞争力。

3. 人才储备与继任计划

招聘与选拔原则包括建立人才储备和继任计划。通过培养内部人才，为重要职位形成可持续的继任计划，确保组织在关键岗位上始终有人可用，降低组织的风险。

（三）培训与发展原则

1. 持续学习与发展

培训与发展原则强调员工的持续学习和发展。组织应提供多样化的培训机会，包括技术培训、领导力发展、团队合作等方面，以提高员工的综合素质，适应组织发展的需要。

2. 个性化发展计划

个性化发展计划是考虑到每个员工的职业发展需求和个体差异。通过定期的职业发展谈话，了解员工的职业规划和兴趣，制订个性化的培训和发展计划，激发员工的发展潜力。

3. 激励与奖励

培训与发展原则还包括激励与奖励的机制。当员工通过培训取得成果，提升绩效时，应有相应的激励和奖励机制，如薪酬激励、晋升机会、荣誉奖励等，以增强员工的学习动力。

（四）绩效管理原则

1. 目标明确与可衡量

绩效管理原则的首要任务是确保员工的工作目标明确且可衡量。每个员工的工作目标应与组织的战略目标相一致，且能够用具体的指标来度量，以便对绩效进行科学的评估。

2. 定期反馈与沟通

绩效管理强调定期的绩效反馈和沟通。通过正式的绩效评估、定期的面谈和反馈机制，建立员工与管理层之间的有效沟通，帮助员工了解自己的绩效水平，同时提供发展建议和改进意见。

3. 奖惩与激励

在绩效管理中，奖惩与激励是激发员工积极性和提高绩效的重要手段。对表现优异的员工，可以通过薪酬晋升、奖金、荣誉称号等方式进行奖励，以鼓励其继续保持高水平的工作表现。对表现不佳的员工，需要建立合理的惩罚机制，或通过培训等手段帮助其改进。

（五）沟通与协作原则

1. 开放透明的沟通

沟通与协作原则强调组织内部要建立开放透明的沟通机制。及时分享组织的发展战略、重大决策和信息，使员工对组织的方向和目标有清晰的认知，提高员工的凝聚力。

2. 团队协作与合作

沟通与协作原则倡导团队协作与合作精神。通过建立团队，推动员工之间的协作，提高整个团队的绩效。鼓励信息共享、共同解决问题，创造积极向上的工作氛围。

3. 多层次的沟通渠道

为了满足不同层次和不同需求的员工，建立多层次的沟通渠道是关键。除了定期的团队会议，还可以通过内部通信、员工反馈渠道、管理层开放日等方式，让沟通变得更加立体和全面。

（六）员工关怀与福利原则

1. 健康与安全

员工关怀与福利原则的首要任务是保障员工的健康与安全。组织应建立完善的职业健康安全制度，提供良好的工作环境和必要的工作保障设施，确保员工能够在安全的条件下工作。

2. 工作与生活平衡

员工关怀原则强调工作与生活的平衡。通过提供弹性工作时间、远程办公、带薪休假等方式，使员工能够更好地平衡工作和生活，提升生活质量。

3. 职业发展支持

为了关心员工的职业发展，组织应提供相应的职业发展支持。包括提供培训机会、制订职业发展计划、设立晋升通道等，帮助员工实现个人职业目标。

（七）员工参与与反馈原则

1. 参与决策

员工参与与反馈原则倡导员工在组织决策中的参与。通过设立员工代表机制、定期听取员工意见建议等方式，使员工有更多机会参与到组织的决策过程中。

2. 建立反馈机制

为了加强与员工的沟通，组织应建立有效的反馈机制。定期进行绩效反馈、开展员工满意度调查、设立投诉渠道等，使员工有渠道表达意见和反馈，及时解决问题。

3. 创造积极的工作氛围

通过激励、奖励、培训等手段，创造积极的工作氛围。使员工感受到组织对他们的重视，增强员工的工作满意度和忠诚度。

（八）法律合规与道德伦理原则

1. 遵守法律法规

法律合规与道德伦理原则是人力资源管理的基础，组织必须严格遵守国家和地区的法律法规，确保员工权益得到充分保障。同时，要建立内部法规制度，使员工在合法合规的基础上开展工作。

2.道德伦理的引导

除了法律法规的遵守，组织还应强调道德伦理的引导。通过开展道德伦理培训、建立道德激励机制等方式，引导员工树立正确的职业道德观念，维护组织的良好声誉。

3.社会责任

人力资源管理应当积极承担社会责任。通过开展公益活动、关注员工社会福利、推动可持续发展等方式，使组织在社会中发挥更积极的作用。

（九）持续改进原则

1.反思与调整

持续改进原则强调人力资源管理是一个动态的过程，需要不断反思和调整。组织应建立评估机制，定期对人力资源管理的效果进行评估，发现问题及时调整。

2.持续学习与创新

在不断变化的社会和经济环境中，组织需要保持敏感性和适应性。持续改进原则不仅要求人力资源管理不仅要适应当前的需求，还要能够预测未来的趋势，引导组织朝着不断创新和可持续的方向发展。

3.数据驱动的决策

随着信息技术的发展，数据在人力资源管理中的应用越来越重要。持续改进原则鼓励组织利用数据分析、人工智能等工具，更精准地了解员工需求、组织绩效，从而进行有针对性的改进。

人力资源管理的基本原则贯穿整个员工生命周期，涵盖招聘、培训、绩效管理、员工关怀等多个方面。这些原则不仅有助于提高组织的运作效率和员工的工作满意度，而且能够建立良好的企业形象，增强组织的竞争力。

在实际操作中，每个组织虽然可以根据自身的特点和发展阶段进行灵活调整，但基本原则是稳固的。通过贯彻这些原则，组织可以更好地吸引、培养和留住人才，建立有活力和竞争力的团队，为实现组织的长期目标奠定坚实的基础。在未来，随着社会、科技和经济的不断发展，人力资源管理的基本原则也将随之演进，迎接新的机遇和挑战，保持持续创新和改进。

三、教师发展与学校战略目标的契合

教育是社会进步和个体发展的重要引擎,而教师是教育事业的中坚力量。教育机构要实现其战略目标,离不开拥有具备专业素养、积极创新的优秀教师队伍。本部分将围绕教师发展与学校战略目标的契合关系展开论述,深入探讨如何通过有针对性的教师发展计划来保障学校战略目标的有效实施。

（一）学校战略目标的分析

1. 学校使命与愿景

学校战略目标的核心通常体现在其使命和愿景中。使命是学校存在的原因,愿景是学校未来的期望。通过明确定义的使命和愿景,学校能够明确自身的办学宗旨,为学校未来的发展指明方向。

2. 教育理念与核心价值观

学校的教育理念和核心价值观是制定战略目标的基础。教育理念反映了学校对教育的基本看法和理念,核心价值观则代表了学校在教育过程中所追求的价值取向。这两者共同构成了学校的文化基因,决定了学校的发展路径。

3. 教育发展方向与重点领域

在制定战略目标时,学校需要明确教育的发展方向和重点领域。这包括但不限于学科建设、创新创业教育、国际化教育等方面的规划。通过确定重点领域,能够有针对性地推动学校发展,提升整体竞争力。

（二）教师发展的内在关联

1. 教师是学校的核心资源

教育是人的事业,而教师则是教育事业的中流砥柱。教师不仅仅是知识的传授者,更是学生成长成才的引路人。优秀的教师队伍是学校核心的资源,对学校的战略目标的实现起着至关重要的作用。

2. 教师是实现教育理念的执行者

学校的教育理念在实际操作中需要通过教师得以贯彻。教育理念通常包括对学生的培养目标、教学方法等方面的要求,而教师在课堂上的教学活动是理念实施的具体体现。因此,教师的发展水平直接关系到学校教育理念的贯彻落实。

3.教师参与学校重点领域的推动

学校在制定战略目标时通常会确定一些重点发展领域，这可能包括学科建设、科研创新、国际化教育等。教师作为学科专业者和教育实践者，他们的参与与贡献将直接影响学校在这些领域的成就。因此，教师的发展需要与学校的重点领域相契合。

（三）教师发展计划的制定

1.需要基于学校战略目标的定位

教师发展计划的制订首先要基于学校的战略目标进行定位。这意味着教师发展计划应当与学校的战略方向保持一致，明确教师在实现学校战略目标中的作用和责任。

2.需要关注教育理念的实践

教育理念是学校办学的基本原则，也是教育的灵魂。因此，教师发展计划应当注重关注教育理念的实践。通过培训、研讨、课程设计等方式，提高教师的教育理念的认同度和实践水平。

3.需要整合到学校重点领域的发展

在学校确定了重点领域后，教师发展计划需要有针对性地整合到这些领域的发展中。这包括提供相关的培训和支持，鼓励教师参与学科建设、科研项目、国际化交流等方面的活动。

4.需要结合个体差异进行个性化设计

教师是个体差异较为显著的群体，因此教师发展计划需要考虑到个体差异，进行个性化设计。通过定期的职业发展规划谈话、提供个性化的培训方案等方式，满足教师在不同阶段和领域的个性化发展需求。

5.需要结合绩效管理进行评估

为了确保教师发展计划的有效实施，需要与绩效管理机制相结合。通过建立明确的教师绩效评估标准，将教师的发展与绩效挂钩，既可以激励教师的积极性，又可以确保教师的发展方向与学校战略目标一致。

（四）教师发展计划的实施

1. 提供多元化的培训和发展机会

教师发展计划的实施需要提供多元化的培训和发展机会。这包括但不限于专业知识更新、教学方法改进、科研项目参与、国际化交流等方面。通过多样化的培训形式，满足教师在各个方面的发展需求。

2. 建立导师制度和学术交流平台

为了促进教师的成长，可以建立导师制度和学术交流平台。导师可以为初入职场的教师提供指导和支持，分享自己的教学经验和研究成果。学术交流平台则为教师提供展示和交流的机会，促进学科交叉和创新。

3. 支持教师参与学校重点项目

为了推动学校在重点领域的发展，教师发展计划应该鼓励并支持教师参与学校重点项目。这可以通过设立项目经费、提供项目管理培训、组织项目汇报会等方式来实现。教师在重点项目中的投入和成果直接影响学校战略目标的实现。

4. 建立教师发展档案

为了更好地跟踪和评估教师的发展情况，学校可以建立教师发展档案。档案中包括教师的培训记录、项目参与情况、绩效评估结果等，为学校提供了有据可依的数据，有助于更科学地进行发展规划和评估。

（五）教师发展与学校战略目标的契合机制

1. 持续性的评估与调整

教师发展与学校战略目标的契合是一个持续性的过程，需要定期进行评估和调整。学校可以设立专门的评估机构或委员会，负责定期对教师发展计划的实施效果进行评估，根据评估结果及时调整发展计划。

2. 激励机制的建立

为了更好地激励教师积极参与发展计划，学校可以建立相应的激励机制。这包括但不限于薪酬激励、晋升机会、荣誉奖励等。激励机制的建立可以更好地调动教师的积极性，促使其更好地融入学校的发展大局。

3. 学校文化的塑造

学校文化对教师发展与学校战略目标的契合至关重要。学校可以通过强调教育理念、核心价值观，倡导创新、合作的文化氛围，使教师在学校文化中找到契合点，更好地为学校战略目标服务。

4.全员参与的机制建立

教师发展计划的契合需要全员参与，学校可以建立全员参与的机制。通过广泛收集教师的意见和建议，形成教师发展共识，使教师发展计划更符合整体期望和需求。

教师发展与学校战略目标的契合是教育领域中一项长期而复杂的任务。通过深入理解学校的战略目标，制订有针对性的教师发展计划，并不断完善契合机制，可以实现教师与学校目标的有机结合。在这个过程中，学校、教育管理者和教师本身都发挥着重要作用，共同促进教育事业的不断进步。

第三节　高等院校教师人力资源建设规划

一、教师队伍规模与结构的规划

教师队伍是学校教育事业的中坚力量，教师的质量直接关系到教育教学质量和学校整体发展水平。因此，科学合理地规划教师队伍的规模与结构对提升学校的教育质量、培养学生的综合素养至关重要。本部分将就教师队伍规模与结构的规划进行探讨，深入分析其关键因素、设计原则以及实施策略。

（一）教师队伍规模的规划

1.规模与学校整体规模的匹配

教师队伍规模的规划应当与学校整体规模相匹配。当学校的规模较大时，相应地需要更多的教师来保障教育教学工作的顺利进行，而小规模学校则应当在确保基本师资力量的前提下，避免教师过多导致资源浪费。

2.学科设置与专业需求的考虑

当规划教师队伍规模时，需要充分考虑学科设置和专业需求。不同学科、专业对教师的需求是不同的，规划时应当根据学科的特点和需求合理配置教师数量，确保各学科均有足够的师资力量。

3.学校办学层次的要求

学校办学层次的不同对教师队伍规模有直接的影响。例如，高等教育机构的教师队伍规模通常较大，需配置更多的博士和硕士生导师，而中小学则更侧重中小学教育专业的教师配置。

4.班额和课时安排的合理性

教师队伍规模的规划需考虑班额和课时的合理性。班额过大可能导致教育质量下降，而课时过多可能使教师负担过重。因此，规划时应当综合考虑教育教学的实际情况，确保每位教师有足够的精力和时间投入教学工作中。

（二）教师队伍结构的规划

1.教育理念和办学定位的影响

教师队伍结构的规划应当受到学校的教育理念和办学定位的影响。不同的教育理念和办学定位对学校所需的教师类型与特质有不同的要求，因此在规划结构时需要确保与学校的办学理念相契合。

2.学科发展方向的考虑

学校在发展过程中可能有不同的学科发展方向，这直接关系到教师队伍结构的规划。例如，一所学科特色鲜明的高校可能需要更多的相关专业背景的教师，而以全面素养培养为主的学校可能更注重跨学科师资的配置。

3.教育教学模式的变革与创新

随着教育教学模式的变革与创新，教师队伍结构也需要相应调整。如果学校正在推行项目化学习、实践性教学等新型教学方式，就可能需要更多具备相关经验和能力的教师。

4.师德师风的培养与引领

在教师队伍结构规划中，师德师风的培养与引领是至关重要的。学校应当注重培养具备良好师德的教师，倡导积极向上的教风，以提升教育教学品质。

（三）教师队伍规模与结构的优化策略

1.招聘与引进高层次人才

为了提升教师队伍的整体水平，学校可以通过招聘和引进高层次人才。这包括国内外知名学者、产业界专业人士等，为学校的学科建设和科研工作提供强有力的支持。

2. 制定灵活的用人政策

在教师队伍的管理中，学校可以制定灵活的用人政策，包括对岗位设置、聘用方式、薪酬福利等方面的政策。通过合理的激励机制，吸引和留住优秀教师。

3. 提供持续的职业发展机会

为了激发教师的积极性，学校应当提供持续的职业发展机会。这包括举办专业培训、支持参与学术研究、鼓励申报各类教育教学项目等方式。通过不断提升教师的专业水平和职业发展空间，增强其对学校的归属感和忠诚度。

4. 加强团队建设与协作机制

建立良好的教师团队建设与协作机制，通过团队合作来提升整体教师队伍的效能。学校可以组织定期的师资培训、教学交流会，促进教师之间的合作与共享，形成良好的学术氛围。

5. 引入现代化教育技术与手段

为了适应教育现代化的发展趋势，学校可以引入现代化教育技术与手段，如在线教育平台、虚拟实验室等。通过培养教师运用先进技术进行教学，提高教学效果，实现教育资源的优化配置。

6. 建立科学合理的流动机制

为了更好地发挥教师的潜力和提高队伍的整体素质，学校可以建立科学合理的流动机制。鼓励教师在不同学科、不同岗位之间流动，促进经验的互补和知识的交流，提升整体队伍的综合素质。

教师队伍规模与结构的规划是学校教育管理中的一项复杂而重要的任务。通过科学的规划，学校可以更好地配置教育资源，提升教育教学质量，促进学校的可持续发展。在未来，随着教育理念的不断更新和社会的变革，教师队伍规模和结构的规划也将面临新的机遇与挑战，需要不断调整和创新，以适应教育事业的发展需求。

二、教师培训与发展计划

教师培训与发展是教育领域中至关重要的一环，其直接关系到教育质量的提升和教育事业的可持续发展。随着社会的不断变革和教育理念的更新，教师需要不断提升自身的专业素养、适应新的教学方法和技术，以更好地满足学生的需求。本部分将探讨教师培训与发展计划的设计原则、关键内容、实施策略以及面临的挑战与未来展望。

（一）教师培训与发展计划的设计原则

1. 与学校发展战略相契合

教师培训与发展计划应当与学校的发展战略相契合，紧密结合学校的教育目标和发展方向，确保培训内容与学校的整体发展需求相一致。

2. 针对性与个性化

考虑到不同教师的个体差异，培训计划应具有针对性和个性化。根据教师的专业领域、教学经验、发展需求等因素，量身定制不同的培训方案，确保每位教师都能够获得有针对性的支持与指导。

3. 结合实际教学需求

培训计划应当结合实际教学需求，紧密围绕课堂教学、学科知识更新、教育技术运用等方面展开培训。确保培训内容能够直接应用于教师的日常教学实践，提高培训的实效性。

4. 多层次、全方位的发展

考虑到教师在不同阶段的发展需求，培训计划应当设计为多层次、全方位的。既包括初入职场的新教师培训，也包括有一定工作经验的教师的进修培训，以及高级职称教师的专业深化培训，确保不同层次教师都能够得到相应的支持和发展机会。

5. 持续性与循环性

教师培训与发展是一个持续性、循环性的过程。培训计划应当定期进行评估和调整，根据教师的反馈和学校的实际情况不断优化培训内容与形式，确保培训工作与时俱进、切实有效。

（二）教师培训与发展计划的关键内容

1. 专业知识与学科更新

为适应不断变化的知识体系，培训计划应当注重提升教师的专业知识水平，引导教师关注学科最新研究动态，鼓励其参与学术活动，推动其学科知识的更新。

2.教育教学理念与方法

培训计划应当关注教育教学理念与方法的创新。通过介绍先进的教育理念，培养教师对教学方式的思考和创新能力，引导其更好地运用多种教学方法，提高教学效果。

3.教育技术运用

随着信息技术的发展，教育技术在教学中的应用越来越重要。培训计划应当包括对教育技术的培训，帮助教师掌握先进的教学工具和平台，提高信息技术运用水平，丰富课堂教学手段。

4.学科交叉与跨学科教学

促进学科交叉与跨学科教学是当前教育的发展趋势之一。培训计划应当鼓励教师加强不同学科的沟通与合作，培养跨学科教学的能力，促进知识的综合应用。

5.教育法律法规与伦理道德

教育法律法规与伦理道德的培训是保障教育教学质量和教师职业操守的重要环节。培训计划应当加强对教育法规的宣导，强调伦理与职业操守，引导教师规范教学行为。

（三）教师培训与发展计划的实施策略

1.制订全员培训计划

学校应制定全员培训计划，覆盖不同层次、不同学科的教师。通过全员培训，确保每位教师都能够参与到培训中，享受到相应的发展机会。全员培训计划可以包括定期的集中培训、个性化的导师制度、专业学习小组等多种形式，以满足不同教师的需求。

2.建立导师制度

导师制度是教师培训与发展中的有效手段之一。通过建立导师制度，学校可以将有丰富经验的老师与新入职的教师进行结对，实现经验的传承与分享。导师可以提供个性化的指导，帮助新入职教师更快速地适应工作环境，提高工作效率。

3.引入外部专家与资源

学校可以引入外部专家和资源，举办专业性的培训活动。外部专家能够为教师提供新颖的观点和理念，丰富培训内容。此外，引入行业内的成功案例、优秀教学资源等，能够激发教师的创新思维，提高其教学水平。

4. 利用在线教育平台

在线教育平台为教师培训提供了便捷的方式。学校可以借助在线平台，组织各类培训课程、研讨会、讲座等。这样的平台不受时间和空间的限制，方便教师随时随地进行学习，提高培训的覆盖面和灵活性。

5. 注重反馈机制

建立良好的反馈机制是培训计划成功的关键。通过收集教师的培训反馈，了解培训效果和教师需求，及时调整培训内容和形式。同时，鼓励教师提出培训需求和建议，促进培训计划的持续改进。

教师培训与发展计划是学校教育事业中不可或缺的一部分。通过制订科学合理的培训计划，学校可以提高教师的教学水平、促进团队建设、推动学校整体发展。未来，随着教育环境的不断变化和教育理念的更新，培训计划也将不断调整和创新，以适应教育事业的发展需求。

三、教师激励与职业发展通道的设计

教师是学校教育事业中的重要力量，其激励和职业发展对提升教学质量、增强学校整体竞争力至关重要。因此，设计科学合理的教师激励体系和职业发展通道成为学校教育管理的一项重要任务。本部分将探讨教师激励的原则、方法以及职业发展通道的设计，以提高教师的积极性、激发创新能力，实现学校和教师共同发展。

（一）教师激励的原则

1. 公平公正原则

激励体系应当建立在公平公正的基础上，确保每位教师都有平等的机会和待遇。公平的激励原则既包括物质激励，如薪酬福利，也包括非物质激励，如荣誉表彰、晋升机会等。这有助于构建一个和谐的教师团队，提高整体工作效率。

2. 鼓励创新原则

激励体系应当鼓励教师进行创新实践，推动教育教学质量的不断提升。对教学成果、教育科研等方面的创新，可以通过奖励金、学术荣誉等方式予以激励，激发教师的积极性。

3. 职业发展原则

教师激励不仅仅是眼前的物质和精神回报，而且应当考虑到教师的长远职业发展。通过提供职称晋升、岗位晋升、参与学术研究等机会，激发教师对其职业发展的追求，增强其对学校的忠诚度。

4. 紧密结合学校目标原则

激励体系应当与学校的整体目标紧密结合，确保激励措施能够有力地支持学校的发展战略。这需要激励机制具备灵活性，能够根据学校的实际情况进行调整。

（二）教师激励的方法

1. 薪酬激励

薪酬激励是最直接也是最常见的一种激励手段。学校可以通过建立合理的薪酬结构，根据教师的工作表现、教学质量、科研成果等因素，提供相应的薪酬激励。此外，学校还可以设立特殊岗位津贴、绩效奖金等形式，激发教师的工作热情。

2. 荣誉表彰

荣誉表彰是一种非常有效的非物质激励方式。学校可以设立各类荣誉称号，如优秀教师、年度杰出教育工作者等，通过表彰充分肯定教师的贡献，激发其积极性。

3. 职业发展机会

提供职业发展机会是一种长期而可持续的激励方式。学校可以设立职称晋升通道、岗位晋升通道，为教师提供进修、深造的机会。通过培训计划、学术交流等方式，帮助教师提升专业水平，拓展职业发展空间。

4. 项目支持与科研基金

为鼓励教师积极参与科研和创新实践，学校可以设立科研基金，资助教师进行科研项目。这既能提高学校的科研水平，也是对教师个人的一种激励和支持。

5. 工作环境优化

创造良好的工作环境是一种重要的激励方式。学校可以优化教学设施、提高教学资源的利用率，确保教师有足够的工作条件和资源支持，提高其工作满意度。

（三）职业发展通道的设计

1. 设置明确的职业发展路径

学校应当为教师设置明确的职业发展路径，包括教育岗位晋升通道、学术研究通道、管理岗位晋升通道等。通过不同通道的设置，满足不同教师的职业发展需求。

2. 提供定期的职业发展培训

定期的职业发展培训对教师的职业发展至关重要。学校可以通过组织各类培训活动，包括管理技能培训、学科知识更新培训、领导力培训等，帮助教师不断提升自身素质。

3. 设立专业发展导师制度

专业发展导师制度是一种有力的支持机制，可以帮助教师更好地规划职业发展。学校可以为教师配备专业发展导师，通过一对一指导、定期面谈等方式，提供个性化的职业发展建议和支持。

4. 引导教师参与学术研究与项目

鼓励教师参与学术研究和项目是职业发展的重要途径。学校可以设立专门的项目基金，支持教师申请和参与科研项目，提高其学术水平和丰富其研究经验。

5. 构建多元化发展通道

考虑到教师个体差异和多元化的职业发展需求，学校应构建多元化的发展通道。既包括教学管理通道，也包括学术研究通道、创新创业通道等，让教师能够根据个人兴趣和特长选择适合自己的发展路径。

教师激励与职业发展通道的设计是学校管理的一项战略性任务。通过科学合理的激励机制和职业发展通道，可以更好地激发教师的工作热情，推动学校教育事业的健康发展。在未来，学校需要不断完善相关制度和政策，提高激励措施更具针对性和可持续性，使其更好地服务教育事业和教师的共同发展。

第四节　高等院校教师人力资源结构

一、年龄层次与学科结构的分布

年龄层次与学科结构的分布是一个组织机构内部的重要管理方面，特别是在教育机构中更为显著。合理的年龄层次和学科结构布局不仅关系到教师队伍的稳定性和发展，也直接影响到学校的教学质量和学科特色的建设。本部分将深入探讨教师队伍的年龄层次和学科结构的相关问题，分析其影响因素以及在管理中的重要性。

（一）年龄层次的分布

1. 不同年龄层次的教师特点

教师队伍的年龄层次分布通常包括年轻教师、中年教师和老年教师。不同年龄层次的教师具有各自的特点：

年轻教师：具备新颖的教学理念、技术水平高、富有活力，但可能缺乏一定的教学经验和稳定性。

中年教师：教学经验相对较丰富，教学稳定性较高，对学科知识有深入理解，但可能需要更新教学理念和适应新的教学方法。

老年教师：具有丰富的教学经验，对学科有深刻理解，但可能面临技术更新的压力和适应新教学模式的挑战。

2. 年龄层次分布的重要性

教学经验传承：年龄层次的分布有助于教学经验的传承。老年教师通过多年的教学经验积累，可以为年轻教师提供宝贵的指导和经验分享，促进年轻教师教育教学水平的提升。

学科建设：年龄层次的分布对学科建设有直接影响。年轻教师可能更具有创新意识，有助于引入新的学科理念和研究方向，而老年教师则可能在学科传统和根基上有更深厚的造诣。

教师队伍的稳定性：合理的年龄层次分布可以保持教师队伍的稳定性。年轻教师的加入可以为学校带来新鲜的活力，而老年教师的存在有助于保持教师队伍的经验和稳定性。

3. 年龄层次分布的影响因素

招聘政策：学校的招聘政策直接影响到年龄层次的分布。如果学校更加注重引入年轻教师，就可能导致年轻教师较多的情况。

职业发展机会：学校提供的职业发展机会是影响年龄层次分布的因素。如果学校注重老教师的职业发展，就可能会导致老年教师相对较多。

离职率：学校的离职率直接关系到年龄层次的稳定性。高离职率可能导致年轻教师较多，而低离职率可能导致老年教师相对较多。

（二）学科结构的分布

1. 不同学科的特点

学科结构的分布涉及各种学科的均衡发展。不同学科的特点如下：

文科学科：通常包括语文、历史、地理等学科，注重对人文社会知识的传承，强调语言表达和思辨能力。

理科学科：包括数学、物理、化学等学科，注重对自然科学知识的掌握，强调逻辑思维和实验能力。

工科学科：包括工程技术、计算机科学等学科，注重对实际问题的解决，强调实践操作和创新能力。

艺术学科：包括音乐、美术、舞蹈等学科，注重对艺术表达和创作能力的培养。

2. 学科结构分布的重要性

学科综合实力：一个学校的学科结构分布直接关系到其综合实力。不同学科的平衡发展有助于提高学校整体的教育质量和学术水平。

招生竞争力：合理的学科结构分布会影响学校的招生竞争力。能够提供丰富多样的学科选择将更有吸引力。

教学资源分配：学科结构的分布关系到教学资源的分配。不同学科可能需要不同的实验室、设备等资源，合理分布有助于资源的优化利用。

3. 学科结构分布的影响因素

学科特色和办学定位：学校的学科结构分布应该符合其办学定位和发展方向。学校可以根据自身的特色和定位，有针对性地发展特色学科，提升学校整体的知名度和影响力。

师资力量：学科结构的分布受到师资力量的制约。拥有优秀的师资力量对发展某些学科至关重要，而学科的发展也可能吸引更多的专业人才。

社会需求：学科结构的合理布局需考虑社会需求，以适应社会的发展和变革。随着社会的进步，新兴学科可能会受到更多关注，需要更多专业人才。

（三）年龄层次与学科结构的整合与管理

1. 整合年龄层次与学科结构的关系

灵活配置教师资源：学校应该灵活配置教师资源，根据学科需求和发展阶段，合理组织年龄层次的教师。年轻教师可以注重发展新兴学科，中年教师可以负责学科的稳定发展，老年教师可以为学科提供经验和指导。

鼓励跨学科合作：学校可以鼓励不同年龄层次的教师进行跨学科合作，促进各学科之间的交流与融合。这有助于提升学校教师整体的教学和学科建设水平。

建立导师制度：为年轻教师建立导师制度，由中年或老年教师担任导师，进行一对一的指导和交流。这有助于年轻教师更好地适应学科发展和学校文化。

2. 管理挑战与应对策略

挑战一：年龄层次的不平衡。

应对策略：学校可以通过合理设置招聘政策，注重引入不同年龄层次的教师，以维持年龄层次的平衡。

挑战二：学科结构的不协调。

应对策略：学校可以根据学科的特点和发展需求，有计划地引入或培养相关学科的教师，推动学科结构的均衡发展。

挑战三：师资力量的流失。

应对策略：学校应该制定有效的留职机制，提高教师的职业满意度，降低师资力量的流失率。

年龄层次与学科结构的分布对学校的整体发展至关重要。学校管理层应根据学校的发展定位和需求，科学合理地制定招聘政策、制订职业发展计划等，以促进年龄层次与学科结构的有机整合。未来，随着社会的不断发展和教育理念的更新，学校管理需要保持灵活性和前瞻性，不断调整和优化教师队伍的年龄层次与学科结构，以适应时代的需求。

二、学历与职称结构的优化

学历与职称结构的优化是教育机构管理中的重要课题之一。随着教育事业的不断发展和人才培养模式的变革，学历与职称的合理配置对提升教育质量、促进教师专业发展，以及推动学校整体实力的提升至关重要。本部分将深入探讨学历与职称结构的优化问题，分析其影响因素以及在管理中的重要性。

（一）学历与职称的基本概念

1. 学历

学历是指一个人在一定时期内所接受的教育的层次，通常以学位或证书来表示。学历通常包括本科、硕士、博士等层次，反映了个体的教育水平和专业素养。

2. 职称

职称是对教育工作者在专业技术方面取得的一种荣誉称号，反映了个体在教育教学和科研方面的能力和水平。常见的职称包括讲师、副教授、教授等。

（二）学历与职称结构的重要性

1. 人才队伍的质量保障

合理的学历与职称结构有助于保障人才队伍的质量。不同层次的学历和职称相互补充，形成一个具有多层次、多层次的教育团队，有助于提高整体的教育水平。

2. 教育教学水平的提升

学历和职称的结构优化直接关系到教育教学水平的提升。高学历和高职称的教师通常具备更深厚的学科知识和丰富的教育经验，能够更好地开展高水平的教学工作。

3. 促进科研与学科建设

不同学历和职称的教师在科研与学科建设方面发挥不同的作用。高学历的教师更容易参与高水平的科研项目，而高职称的教师则有可能在学科建设中担任重要角色，推动学科的发展。

4.职业发展的激励机制

建立合理的学历与职称结构，可以作为一种职业发展的激励机制。对教师来说，通过不断提升学历和职称，可以获得相应的职业晋升机会和薪酬待遇，从而增强其职业发展的动力。

（三）学历与职称结构的影响因素

1.招聘政策

学校的招聘政策直接影响到学历与职称结构。不同的招聘政策既可能导致学校聘用更多具有高学历或高职称的教师，也可能更加注重其他方面的素质。

2.培训与发展机制

学校的培训与发展机制会影响教师的学历与职称结构。是否提供系统的培训计划、是否有完善的职称评审制度等，这些都将影响到教师在学术和职称方面的发展。

3.学科特点

不同学科的特点是影响学历与职称结构的因素之一。一些学科更加注重实践和技能，可能更加看重教师的实际能力而非学历和职称。

4.教育发展阶段

学校所处的教育发展阶段会影响学历与职称结构的优化。一些新建学校可能注重引进高学历的青年教师，而一些老牌学校可能注重教师的职称和经验。

（四）学历与职称结构的优化策略

1.制订科学的招聘计划

学校应该制定科学的招聘计划，根据学科特点和学校发展需求，有针对性地引入不同学历和职称的优秀教师。这需要充分考虑学科的发展方向、师资队伍的整体构成以及人才市场的实际情况。

2.完善培训与发展机制

建立健全的培训与发展机制，为教师提供多层次、多领域的培训计划。通过提供终身学习的机会，帮助教师不断提升自身素质，适应不同阶段的教育发展需求。

3.优化职称评审制度

学校应该优化职称评审制度，确保其科学公正、合理透明。要充分考虑教师在教学、科研、社会服务等方面的综合贡献，使评审体系更加全面和有利于教师的专业发展。同时，建立适应学科特点的评审标准，以便更好地反映教师在各自领域的贡献。

4.强化学科交叉与合作

学校可以鼓励学科之间的交叉与合作，打破学科壁垒。通过跨学科的合作研究和共同教学项目，促使教师在不同学科领域中分享经验，拓宽视野，提升综合素养。

5.提供多元化的职业发展通道

为教师提供多元化的职业发展通道，不仅包括晋升为高级职称，还包括担任学科带头人、参与管理岗位、参与学术研究项目等。通过不同的发展通道，满足教师不同层次、不同需求的职业发展期望。

学历与职称结构的优化是学校管理中的一项重要任务，直接关系到教育质量和教师队伍的专业素养。通过制订科学的招聘计划、健全培训与发展机制、优化职称评审制度等措施，学校可以更好地激励教师的职业发展，形成具有多层次、多维度的教育团队，推动学校整体实力的提升。在未来，学校管理需要不断关注教育发展趋势和人才市场变化，灵活调整学历与职称结构，以适应不断变化的教育环境。

三、性别与文化背景的多元化

性别与文化背景的多元化是当今社会与组织管理中备受关注的话题之一。多元化的观念旨在充分利用和尊重不同性别与文化背景的员工，以促进组织的创新、包容和成功。本部分将深入探讨性别与文化背景多元化的概念、重要性，分析影响因素以及制定有效管理策略的关键。

（一）性别多元化的概念与重要性

1.性别多元化的概念

性别多元化强调在组织中平等对待不同性别的员工，克服性别刻板印象和歧视，创造一个公正、包容的工作环境。性别多元化不仅仅关注男女平等，还强调不同性别之间的差异和独特贡献。

2. 性别多元化的重要性

创新与创造力：不同性别的员工拥有不同的思维方式和解决问题的途径，性别多元化有助于激发创新和创造力。

员工满意度：创建一个平等和公正的工作环境可以提高员工的满意度，增强员工对组织的归属感。

拓宽人才池：促进性别多元化有助于拓宽人才池，吸引更多不同性别的专业人才，提高组织的竞争力。

（二）文化背景多元化的概念与重要性

1. 文化背景多元化的概念

文化背景多元化强调在组织中尊重和融合不同文化背景的员工，创造一个包容多元文化的工作环境。这包括但不限于国籍、种族、宗教信仰、语言等方面的多元。

2. 文化背景多元化的重要性

全球化适应力：在全球化的背景下，文化背景多元化有助于组织更好地适应与融入不同国家和地区的商业环境。

创新力提升：不同文化背景的员工带来不同的思维方式和经验，有助于组织更好地应对复杂的商业挑战，提升创新力。

文化智商培养：提倡文化背景多元化有助于培养员工的文化智商，使其更好地理解和适应跨文化交往。

（三）影响性别与文化背景多元化的因素

1. 社会观念与制度

社会观念和制度对性别与文化背景多元化有深远的影响。不同社会的文化价值观和性别平等观念将直接影响到组织的多元化实践。

2. 领导力与文化氛围

组织的领导力和文化氛围是塑造性别与文化背景多元化的重要因素。领导者的态度和组织文化对员工是否能够真正融入至关重要。

3. 招聘与晋升机制

招聘与晋升机制直接影响到性别及文化背景多元化的实现。是否采取公平、公正的招聘政策和晋升机制将决定组织的多元性。

（四）性别与文化背景多元化的管理策略

1. 制定多元化政策与目标

组织应该制定明确的性别与文化背景多元化政策，并设定相应的目标。这有助于明确组织对多元化的承诺，推动相关管理措施的实施。

2. 提供多元化培训与教育

为员工提供多元化培训与教育，包括性别平等意识培养、文化敏感性培训等。这有助于提高员工的多元化意识和跨文化沟通能力。

3. 创造包容性文化

组织应该努力创造一个包容性的文化，鼓励员工分享各自的文化和经验，倡导尊重和理解。这将有助于建立积极的工作氛围。

4. 采取差异化福利措施

提供差异化的福利措施，满足不同性别和文化背景的员工需求。这包括弹性工作时间、跨文化交流机会、家庭支持等方面的福利。

性别与文化背景的多元化不仅是一种社会责任，更是组织取得成功的关键因素之一。通过制定明确的多元化政策、提供相关培训、创造包容性文化和实施差异化福利措施，组织可以更好地激发员工的潜力，提高创新力，增加竞争力。在未来，面对全球化的挑战，组织需要更加积极主动地拥抱多元化，促进不同性别和文化背景的员工共同创造更加繁荣、富有活力的工作环境。

第五节　高等院校"双师型"教师队伍建设

一、"双师型"教师的定义与特征

随着教育领域的发展和技术的进步，传统的教学模式正在经历转变，"双师型"教师作为一种新型的教育模式逐渐受到关注。本部分将深入探讨"双师型"教师的定义、特征，分析其在教育领域的作用和未来发展趋势。

（一）"双师型"教师的定义

1.教育技术与教学相结合

"双师型"教师是指同时具备传统教学能力和教育技术应用能力的教师。"双师型"教师不仅能够熟练运用传统的教学方法，还具备在教学中灵活运用教育技术的能力，实现传统教学和现代技术的有机结合。

2.协同合作的教学模式

"双师型"教师并非仅仅是一个教育技术专家，更是能够与技术专家协同合作，共同设计和实施教学方案的教育者。这种模式下，教育技术专家与学科教师形成紧密的协同关系，共同推动教育创新。

3.教学与学科知识的双重修养

"双师型"教师需要具备对学科知识的深刻理解和掌握，同时具备教育技术应用的专业知识。他们在传授学科知识的同时，能够巧妙地融入教育技术，提升教学的多样性和效果。

（二）"双师型"教师的特征

1.教育技术运用的灵活性

"双师型"教师具备运用教育技术的灵活性，能够根据不同的教学场景和学科特点选择合适的技术工具，使技术更好地融入教学实践。

2.个性化教学能力

"双师型"教师注重个性化教学，能够利用教育技术提供个性化的学习资源和活动，满足学生多样化的学习需求，提高学习的效果和参与度。

3.协同合作的团队精神

"双师型"教师具备协同合作的团队精神，能够与其他教师和技术专家密切协作，共同制订教学计划、设计教学资源，实现跨学科、跨领域的合作。

4.持续学习的意识

"双师型"教师具有持续学习的意识，能够不断更新自己的学科知识和教育技术应用能力，保持对新技术、新理念的敏感性，推动教育领域的创新。

5.适应新兴教育模式

"双师型"教师能够适应新兴教育模式，包括在线教育、混合式教育等。

他们能够在不同的教学环境中灵活切换，充分发挥传统教学和教育技术的优势。

（三）"双师型"教师在教育中的作用

1. 提升教育质量

"双师型"教师的出现有助于提升教育质量。通过灵活运用教育技术，他们能够创造更具交互性和趣味性的学习环境，激发学生学习兴趣，提高学习效果。

2. 促进学科知识与技术知识的融合

"双师型"教师能够促进学科知识与技术知识的融合。他们能够在教学中将技术嵌入到学科知识的传授中，实现知识的跨学科整合，提高学科的创新性。

3. 适应学生多样性的学习需求

"双师型"教师注重个性化教学，能够更好地满足学生多样性的学习需求。通过运用教育技术，他们可以提供个性化的学习资源、设定个性化的学习目标，使每位学生能够根据自身特点和进度进行学习。

4. 推动教育创新

"双师型"教师作为教育创新的推动者，通过整合技术和传统教学手段，不断尝试新的教学方法、新的教育科技工具，促进教育领域的创新，为学生提供更具前瞻性和实用性的教育体验。

（四）"双师型"教师的发展趋势

1. 教育技术发展的驱动

随着教育技术的不断发展，未来"双师型"教师将更加依赖先进的技术工具，如人工智能、虚拟现实等，以提升教学效果和创造更为丰富的学习体验。

2. 跨学科教育的需求

跨学科教育将成为未来发展的趋势，"双师型"教师将更加需要具备多学科知识和技能，以应对教育领域日益复杂的挑战。

3. 教育智能化的应用

教育智能化将为"双师型"教师提供更多支持。智能化教学系统、个性化学习平台等工具的发展，将使得"双师型"教师更好地个性化教学，关注学生的学习进程和需求。

4. 全球化背景下的国际合作

在全球化背景下，"双师型"教师将更加关注国际合作，与其他国家的教育者、技术专家进行深入合作，分享经验、借鉴先进经验，以推动全球范围内的教育创新。

"双师型"教师的涌现不仅代表着教育领域的一种创新，也是教育与技术融合的必然趋势。未来，随着教育技术的不断发展和教育模式的不断变革，"双师型"教师将发挥越来越重要的作用，为培养具有创新精神的学生和推动教育领域的进步做出更大的贡献。

二、"双师型"教师培养与选拔机制

随着教育技术的发展和教学模式的改革，"双师型"教师逐渐成为满足新时代教育需求的重要人才。本部分将探讨"双师型"教师培养与选拔机制，包括培养路径、培训内容、选拔标准等方面，以期为构建更为全面的教育队伍提供参考。

（一）"双师型"教师的培养路径

1. 学科知识与教育技术双修

"双师型"教师的培养路径首先要求学科知识与教育技术的双修。借助高校本科、研究生教育以及教育技术专业的培训，学生可以同时深入学习学科知识和掌握教育技术应用的基本理论与技能。

2. 实践教学经验的积累

在培养"双师型"教师的过程中，实践教学经验的积累至关重要。学生需要通过参与实际教学，运用教育技术进行教学设计和实施，不断优化教学过程，提高适应不同教育环境的能力。

3. 跨学科培养与合作机制

为了培养全面发展的"双师型"教师，可以建立跨学科的培养与合作机制。在培训计划中融入教育学、心理学、信息技术等跨学科知识，促使学生在多个领域有全面的素养。

（二）"双师型"教师的培训内容

1. 学科知识更新与深化

"双师型"教师的培训内容首先应包括学科知识的更新与深化。通过参与学术研讨、学科前沿知识的学习，确保"双师型"教师在教学中具备高水平的学科素养。

2. 教育技术应用技能培养

教育技术应用技能的培养是"双师型"教师培训的关键。内容涵盖教育技术工具的熟练使用、在线教学平台的运营、教学设计与评估等方面，确保教师能够熟练运用教育技术进行教学。

3. 跨学科融合教学设计

培训内容中还应强调跨学科融合教学设计。通过设计跨学科项目，让教师深入理解不同学科之间的关联，提高他们在教学中融合多学科知识的能力。

4. 学科教育与心理学知识培养

除了教育技术，"双师型"教师应该接受学科教育与心理学知识的培训。这有助于教师更好地理解学生的学习需求和心理特点，提高个性化教学水平。

（三）"双师型"教师的选拔标准

1. 学科素养

学科素养是"双师型"教师选拔的首要标准。教师需要具备扎实的学科知识和深厚的学科功底，以确保其在教学中有足够的专业性。

2. 教育技术应用能力

教育技术应用能力是"双师型"教师选拔的核心标准。具备熟练运用教育技术进行教学设计、在线教学管理、数字化教育资源开发等能力，是"双师型"教师的基本要求。

3. 跨学科综合素养

"双师型"教师需要具备跨学科综合素养。选拔标准中应当包含对教师跨学科融合能力的评估，以确保其能够在不同学科领域中进行有机结合的教学。

4. 教育创新能力

教育创新能力是"双师型"教师选拔的重要标准。教师需要表现出对新颖教学方法的接受和尝试，具备推动教育创新的激情和能力。

（四）"双师型"教师培养与选拔机制的实施策略

1. 制订明确的培养计划

学校和相关机构应该制订明确的"双师型"教师培养计划，包括培训的内容、培养的阶段、实践教学的机会等，确保培养过程有条不紊。

2. 打破学科和技术的壁垒

为了更好地实现学科和技术的有机结合，培养机制应打破学科和技术之间的壁垒。可以设立跨学科项目、合作研究小组等机制，促使学科教师和技术专家之间更加密切地合作。

3. 强化实践教学环节

培训机制中应强化实践教学环节，为"双师型"教师提供充足的实践机会。这包括参与教学实践、在线课程设计、数字化资源开发等，以提高他们在实际教学中的操作能力。

4. 制定激励政策

为了激励更多教育者积极参与"双师型"教师培训，学校和相关机构可以制定激励政策，包括奖学金、晋升机会、学术交流等，以提高培训的吸引力和参与度。

5. 建立评估机制

建立科学的评估机制对于保证培养与选拔的质量至关重要。可以通过学科知识考核、教育技术应用项目评审、实际教学表现等多维度评估，全面了解"双师型"教师的能力和水平。

"双师型"教师的培养与选拔机制对提高教育质量、促进教育创新至关重要。通过明确的培养路径、丰富的培训内容、科学的选拔标准以及切实可行的实施策略，可以更好地培养出适应新时代教育需求的"双师型"教师队伍。未来，随着教育技术和教育理念的不断发展，培养与选拔机制也需要不断调整与优化，以应对不断变化的教育环境。

三、"双师型"教师的发展与评价体系

"双师型"教师作为集合学科知识和教育技术应用能力于一身的教育者，

其发展与评价体系至关重要。本部分将深入探讨"双师型"教师的发展路径、关键能力以及相应的评价体系，以期为教育机构和决策者提供有针对性的指导和参考。

（一）"双师型"教师的发展路径

1. 学科知识深度发展

"双师型"教师的发展路径首先应注重学科知识的深度发展。这要求教师在本专业领域保持高水平的学科素养，不断追踪学科前沿知识，保持对学科内容的深刻理解。

2. 教育技术应用能力提升

与学科知识深度发展相辅相成的是，"双师型"教师需要不断提升教育技术应用能力。通过参与相关培训、研讨会，熟练掌握教育技术工具的使用，能够将其有机融入教学设计和实施中。

3. 实践教学经验积累

发展"双师型"教师需要实践教学经验的积累。通过参与实际教学工作，了解学生的学习需求，不断调整和优化教学方法，提高实践教学的水平。

4. 跨学科融合与创新能力培养

"双师型"教师要具备跨学科融合与创新能力。通过跨学科项目的参与，促使学科知识之间的有机融合，培养解决问题的创新思维，提升在不同领域的教学能力。

（二）"双师型"教师的关键能力

1. 学科知识能力

学科知识能力是"双师型"教师不可或缺的关键能力。这包括对本专业领域的深度理解和掌握，具备创新能力，能够将学科知识应用于教学实践中。

2. 教育技术应用能力

教育技术应用能力是"双师型"教师必备的关键能力之一。这涵盖了熟练使用各类教育技术工具，能够根据教学目标选择合适的技术手段，并灵活运用于教学实践中。

3. 实践教学能力

实践教学能力是指"双师型"教师能够将理论知识转化为实际教学效果

的能力。包括教学设计、课堂管理、学生互动等方面的能力，通过实际教学经验的积累逐渐提升。

4. 跨学科融合与创新能力

"双师型"教师要具备跨学科融合与创新能力，能够将不同学科领域的知识进行整合，促使学科之间的互补和协同。同时，需要具备创新能力，推动教学方法的不断创新。

（三）"双师型"教师的评价体系

1. 学科知识评价

学科知识评价是对"双师型"教师学科能力的核心评估。这可以通过学科专业知识考核、学术研究成果、学科竞赛等方式进行，以确保教师在学科领域有足够的专业素养。

2. 教育技术应用评价

教育技术应用评价主要针对教师的教育技术能力。这可以通过教育技术培训的考核、教学设计中技术应用的评估、在线教学平台的使用情况等方面进行评价。

3. 实践教学评价

实践教学评价关注教师在实际教学中的表现。包括教学设计的合理性、学生评价、教学反思等方面的评价，以全面了解教师的实践教学能力。

4. 跨学科融合与创新能力评价

评价体系中还需考虑教师的跨学科融合与创新能力。可以通过参与跨学科项目的评价、教学案例的创新程度评估等方式，全面评估教师在这方面的表现。

（四）"双师型"教师的发展与评价体系的实施策略

1. 制定明确的评价标准

制定明确的评价标准对于"双师型"教师的发展和评价至关重要。学校和相关机构可以结合学科特点、技术应用要求、实践教学经验和创新能力等方面，制定具体的评价指标，确保评价体系的科学性和客观性。

2. 提供多元化的发展支持

为了促进"双师型"教师的全面发展，学校和机构应该提供多元化的发展支持。包括提供学科专业的进修课程、教育技术培训、实践教学指导、跨学科项目合作等形式，帮助教师在各个方面都能够得到支持和培养。

3. 鼓励参与专业交流和合作

专业交流和合作对"双师型"教师的发展至关重要。学校可以鼓励教师参与学术研讨、行业交流、国际合作等活动，拓宽他们的学术视野，增强专业素养。

4. 引入同行评教机制

同行评教机制是评价体系中的一种重要手段。通过邀请同行教师参与评价，可以提供更为客观和全面的反馈，促使教师更好地发现自身的不足并进行改进。

5. 建立教师档案和制订发展计划

建立教师个人档案，记录其在学科知识、教育技术应用、实践教学和创新能力等方面的成绩和成长。同时，制订个性化的发展计划，根据教师的发展需求提供有针对性的培训和支持。

"双师型"教师的发展与评价体系是一个复杂而长期的过程，需要学校、机构和政府共同努力。通过建立科学合理的评价指标和体系，提供全面多元的发展支持，"双师型"教师将更好地适应现代化教育的需求，为学生提供更优质的教育服务。

第四章　新形势下高等院校学生工作管理

第一节　高等院校学生学习管理

一、学业规划与课程选择辅导

学业规划和课程选择是学生高中及大学阶段至关重要的一环，直接关系到学生未来的发展方向和职业选择。本部分将探讨学业规划的概念、意义，以及如何进行课程选择辅导，旨在为学生、家长和教育机构提供有益的指导和建议。

（一）学业规划的概念与意义

1. 学业规划的概念

学业规划是指学生在学习生涯中，基于自身兴趣、能力和职业目标，有计划地选择学科、设置目标、规划课程和发展能力的过程。学业规划涉及整体的学业生涯，是一个长期的、系统的过程。

2. 学业规划的意义

明确发展方向：通过学业规划，学生可以更清晰地了解自己的兴趣和职业方向，有利于未来职业生涯的规划和发展。

提高学业动力：设定明确的学业目标和规划可以激发学生的学习兴趣与动力，增强学习的积极性。

提前了解职业需求：学业规划可以让学生提前了解各行各业对专业技能和知识的需求，有针对性地选择相关课程。

（二）课程选择辅导的重要性

1. 课程选择对学业规划的影响

课程选择是学业规划的具体体现，直接影响学生在学术领域的发展。不同的课程设置将为学生提供不同的知识结构和技能储备，因此课程选择是学业规划中的重要环节。

2. 课程选择辅导的作用

个性化指导：课程选择辅导可以根据学生的兴趣、潜力和职业目标，为其提供个性化的课程建议，使其更好地发挥优势和充分发展潜力。

职业导向：通过对学生职业兴趣的了解，课程选择辅导可以将课程设置与未来职业需求相结合，帮助学生更好地迎接未来职场的挑战。

全面素养培养：课程选择辅导有助于学生在课程设置中融入文化、体育、艺术等多个领域，培养学生的全面素养，提升其综合竞争力。

（三）如何进行学业规划

1. 自我认知与兴趣探索

学生在学业规划的过程中首先需要进行自我认知和兴趣探索。通过了解学生的兴趣爱好、优势和短板，可以更好地制订个人发展计划。

2. 职业规划与目标设定

基于个人认知和兴趣的基础上，学生可以进行职业规划和目标设定。明确学生未来想要从事的职业方向，为学业规划提供明确的方向。

3. 学科选择与专业定位

在制订学业规划时，学生需要根据个人兴趣和职业目标，选择相应的学科和专业。这需要对各个学科的特点和未来发展趋势进行深入了解。

4. 选修课程与实践机会

为了提高学生的综合素养，学业规划中还需要考虑选修课程和实践机会。选修课程可以拓宽知识面，实践机会则有助于学生将理论知识转化为实际能力。

（四）课程选择辅导的具体实施

1. 个体化辅导服务

学校或辅导机构可以提供个体化的辅导服务，通过与学生的一对一交流，深入了解其兴趣和目标，为其制订符合个体需求的课程选择计划。

2. 职业规划与课程匹配

辅导机构可以联合职业规划师，帮助学生将课程选择与职业规划相匹配。通过分析不同职业领域对专业知识和技能的需求，为学生提供更有针对性的课程建议。

3. 多元化信息平台建设

建设多元化的信息平台，包括学科介绍、职业发展信息、课程设置等，为学生提供全面、及时的信息，帮助其更好地进行课程选择。

4. 学科导师与家长参与

学科导师和家长在课程选择中发挥着重要的作用。学科导师可以提供专业的学科建议，家长则可以通过了解学生的兴趣和优势，为其提供更为全面的发展建议。

学业规划与课程选择辅导是学生学业生涯中至关重要的一部分，关系到他们未来的职业发展和人生道路。学校、家长和相关教育机构需要共同努力，提供全面的信息支持，为学生提供个性化、有针对性的辅导服务。通过不断优化辅导体系，适应社会发展的变化，帮助学生更好地规划自己的学业和职业未来。

二、学习辅导与个性化学业发展

学习辅导是在学生学习过程中提供的一种有针对性、个性化的支持和指导。个性化学业发展强调因材施教，根据学生的特点和需求制订个性化的学业发展计划。本部分将深入探讨学习辅导的概念、意义，以及如何实现个性化学业发展，为学生、家长和教育机构提供有效的指导和建议。

（一）学习辅导的概念与意义

1. 学习辅导的概念

学习辅导是指在学习过程中，通过提供指导、支持和资源，帮助学生克服学习中遇到的难题、提高学习效果的过程。学习辅导可以涉及课业内容、学习方法、心理辅导等多个方面。

2.学习辅导的意义

解决学习难题：学习辅导能够帮助学生解决学习中遇到的问题，提高学业成绩，增强学习信心。

提高学习兴趣：通过引导学生发现学科的乐趣和应用，学习辅导有助于激发学生的学习兴趣，使其更主动参与学习。

个性化发展：学习辅导可以根据学生的个体差异，提供更具个性化的学习支持，帮助其更好地发展自身潜力。

（二）个性化学业发展的概念与意义

1.个性化学业发展的概念

个性化学业发展是指根据学生的兴趣、能力、学科特长等个体差异，制定个性化的学业规划和发展路径，以实现学生全面发展的目标。

2.个性化学业发展的意义

充分发挥优势：个性化学业发展有助于学生充分发挥自身的优势和潜力，使其在特定领域取得更好的成绩。

增强自主学习能力：通过个性化的学业发展计划，学生可以更好地培养自主学习的能力和提高解决问题的能力。

培养综合素养：个性化学业发展不仅关注学科知识，还注重培养学生的综合素养，使其在各个方面都得到全面发展。

（三）学习辅导与个性化学业发展的关系

1.学习辅导助力个性化学业发展

识别个体差异：学习辅导过程中，辅导教师能够更深入地了解学生的学科特点、学习风格、兴趣爱好等，帮助识别个体差异。

提供个性化指导：基于对学生个体差异的了解，学习辅导可以提供个性化的学科辅导、学习方法指导，以满足学生的特定需求。

2.个性化学业发展促进学习辅导效果

设定明确目标：个性化学业发展可以帮助学生设定明确的学业目标，学习辅导在此基础上更有针对性地提供支持和引导。

激发学习动力：个性化学业发展强调学生的主动参与，通过制订符合个人需求的学业规划，能够更好地激发学生的学习动力。

（四）实现学习辅导与个性化学业发展的策略

1. 制订个性化学业规划

通过学业规划，明确学生的学科方向、职业目标等，为学习辅导提供明确的目标和方向。

2. 教师团队协同合作

建立教师团队，通过协同合作，共同制订个性化学业发展计划，充分发挥每个教师的专业优势。

3. 引入技术手段

利用先进的技术手段，如人工智能、大数据分析等，对学生进行个性化学业发展的诊断和指导。通过智能化系统，能够更全面、及时地了解学生的学业情况，为学习辅导提供更有针对性的支持。

4. 实施个性化学习计划

在学习辅导中，实施个性化学习计划是关键的一步。根据学生的个体差异，调整学科内容、学习方法、辅导方式等，确保学习辅导更好地服务个性化学业发展。

5. 提供多元化的学习资源

个性化学业发展需要多元化的学习资源支持。学习辅导机构可以提供丰富的学科资料、在线课程、实践机会等，以满足学生在个性化发展中的多样化需求。

学习辅导与个性化学业发展相辅相成，共同促进学生的全面成长。学校、教育机构和家长应共同努力，为学生提供全面的学习辅导服务，并制订个性化的学业发展计划，使每个学生都能在学业上取得更好的成绩，实现个人发展的目标。通过不断创新和改进，推动学习辅导和个性化学业发展更好地适应社会发展的需要，为学生的未来发展奠定坚实的基础。

三、学风建设与学术不端防范

学风建设是高校教育管理的一个重要方面，而学术不端问题则是当前教育领域面临的一个严峻挑战。本部分将探讨学风建设和学术不端防范的概念、重要性，以及如何通过有效的管理和教育手段来促进学风建设，防范学术不端行为，保障教育的公正性和质量。

（一）学风建设的概念与意义

1. 学风建设的概念

学风是指学校内部形成的、具有特色的学术氛围和学习风尚，是一种校园文化的表现。学风建设旨在培养学生良好的学习态度、刻苦钻研的学风，促使整个校园形成积极向上、奋发有为的学术氛围。

2. 学风建设的意义

提高教育质量：良好的学风有助于提高学校的整体教育质量，促使学生更好地投入学习，提高学术水平。

培养学术氛围：学风建设有助于形成浓厚的学术氛围，推动科研和学术创新，为学校的学科建设提供良好的基础。

塑造学校形象：学风建设不仅关系到学生的个人素养，也关系到学校的整体形象。良好的学风有助于提高学校的社会声誉。

（二）学术不端防范的概念与重要性

1. 学术不端的概念

学术不端是指在学术研究和学业活动中，以不正当手段获取、创造或利用学术信息，违背学术道德和规范的行为，包括但不限于抄袭、剽窃、作弊、伪造实验数据等。

2. 学术不端防范的重要性

保障学术诚信：学术不端的存在破坏了学术诚信的基础，严重影响了学术研究的公正性和可信度。

维护教育公平：学术不端行为会导致不正当的学术竞争，影响教育的公平性，使得本应凭借学术实力获得的机会被非正当手段获取。

提升研究水平：学术不端的存在阻碍了真正的学术创新，对推动研究水平的提升具有消极的影响。

（三）学风建设与学术不端防范的关系

1. 学风建设对学术不端防范的促进

强化学术道德教育：通过学风建设，加强对学术道德的宣传和教育，引导学生树立正确的学术价值观。

塑造积极向上的学风：良好的学风有助于形成积极向上的学术氛围，减少学术不端的发生。

2.学术不端防范对学风建设的支持

建立规范制度：学术不端防范需要建立相关的规范制度，规范学术行为，促进学风建设的深入开展。

加强监管和管理：学术不端防范需要通过加强监管和管理，及时发现和处理违规行为，为学风建设提供有力的支持。

（四）学风建设与学术不端防范的策略与措施

1.学风建设的策略与措施

加强学风教育宣传：学校可以通过举办学风主题的宣传活动、发放宣传资料等方式，加强学风建设的教育宣传。

建立导师制度：建立导师制度，通过导师的引领和示范，帮助学生形成积极向上的学术态度。

推行开放科研文化：鼓励开放的科研文化，倡导学术分享和合作，促使学术研究更加透明、公正。

2.学术不端防范的策略与措施

建立学术不端检测体系：学校可以建立学术不端检测体系，运用先进的技术手段，对学术论文和研究成果进行检测。

加强学术诚信教育：强化学术诚信教育，明确学术规范和道德准则，培养学生自觉遵守学术规范的意识。

设立学术不端惩戒机制：建立健全的学术不端惩戒机制，对违反学术规范的行为进行严肃处理，起到威慑作用。

加强学术督导与评审：强化学术督导与评审，通过专业的评审机构对学术研究进行严格审核，提高学术研究的质量和可信度。

学风建设与学术不端防范密切相关，共同构建一个良好的学术环境。学校和教育机构需要通过全面的学风建设，引导学生形成积极向上的学术态度，同时通过规范和管理手段，营造一个公正、透明的学术竞争氛围。未来，随着科技和社会的不断发展，学校和教育机构需要不断创新管理手段，提高学术规范和学风建设的水平，为培养更多优秀的学术人才提供坚实的基础。

第二节 高等院校学生心理管理

一、心理健康教育与心理咨询服务

随着社会的发展和人们生活水平的提高，心理健康问题日益引起人们的关注。高校作为培养人才的重要阶段，学生面临着学业压力、人际关系等多方面的心理压力。因此，心理健康教育和心理咨询服务在高校教育中变得愈加重要。本部分将探讨心理健康教育的概念、目标及实施策略，以及心理咨询服务的意义、方式和发展趋势。

（一）心理健康教育的概念及目标

1.心理健康教育的概念

心理健康教育是指通过系统的教育方式，传播有关心理健康的知识，培养个体的心理健康意识和心理健康能力，以促使其能够正确认识自己、适应环境、合理解决问题，提高生活质量。

2.心理健康教育的目标

提高心理健康意识：通过教育活动，使学生更加了解心理健康的重要性，树立正确的心理健康观念。

培养心理调适能力：帮助学生学会运用积极的心理调适策略，有效面对生活中的挫折和压力。

促进人际关系发展：培养学生良好的人际交往能力，增进人际关系的和谐与融洽。

（二）心理健康教育的实施策略

1.课程设置与开展活动

融入课程体系：将心理健康教育融入学校的课程体系，使其成为学生必修的一部分。

开展主题活动：组织心理健康主题的活动，如讲座、座谈会、心理健康周等，提高学生的关注度。

2. 个体辅导与小组讨论

心理辅导：为学生提供个体心理辅导，通过专业心理老师对个体问题进行疏导和引导。

小组讨论：组织小组讨论活动，让学生在集体中分享彼此的心得和经验，促进彼此之间的交流。

3. 制订学业和生活规划

学业规划：帮助学生制订合理的学业规划，减轻学业压力，提高学习动力。

生活规划：引导学生树立积极的生活态度，培养健康的生活方式，提高生活质量。

（三）心理咨询服务的意义及方式

1. 心理咨询服务的意义

解决心理问题：提供个体化的心理咨询服务，帮助学生解决面临的心理问题，缓解心理压力。

促进个体发展：通过心理咨询，激发个体的潜能，促进其全面发展。

提高学校整体心理素质：通过心理咨询服务，提高学校师生的整体心理素质，为学校营造更加健康的心理氛围。

2. 心理咨询服务的方式

面对面咨询：学校可以设立心理咨询室，由专业心理咨询师进行面对面的咨询服务。

电话咨询：提供心理咨询的热线电话，方便学生在需要时随时进行咨询。

在线咨询：利用互联网平台，提供在线心理咨询服务，方便学生在任何时间、任何地点进行咨询。

（四）心理咨询服务的发展趋势

1. 多元化服务方式

未来心理咨询服务将更加多元化，整合线上线下资源，提供更为灵活和个性化的服务方式。

2. 强化预防性工作

注重心理问题的预防性工作，通过心理健康教育，让更多学生树立正确的心理观念，提前预防潜在的心理问题。

3. 结合科技手段

结合科技手段，如人工智能、虚拟现实等技术，为心理咨询服务提供更为智能、便捷的工具。

心理健康教育和心理咨询服务是高校教育中不可或缺的一部分，关乎学生的全面发展和心理素质的提升。通过系统的心理健康教育，学生能够更好地理解和应对自身的心理问题，培养积极的心理品质。同时，心理咨询服务的提供为学生提供了专业的心理支持，帮助他们更好地解决心理问题，提高心理素质。未来，随着社会的不断发展，学校和教育机构需要不断创新服务方式，加强师资队伍建设，以更好地满足学生心理健康的需求，为其提供更全面的支持和服务。

二、学业压力与心理调适机制

学业压力是学生在学习过程中面临的一种常见的心理负担，尤其在高等教育阶段，学生通常需要面对复杂的学科内容、紧张的考试安排以及未来职业规划等多方面的压力。有效的心理调适机制对帮助学生缓解学业压力、保持心理健康至关重要。本部分将探讨学业压力的定义、来源及其对心理健康的影响，同时分析心理调适机制的概念、作用和实施策略。

（一）学业压力的定义与来源

1. 学业压力的定义

学业压力是指在学习过程中，学生由于学科知识的难度、学业目标的设定、考试压力等因素而感到的一种紧张、焦虑的心理体验。学业压力是学生生活中普遍存在的一种心理状态，直接关系到学生的学业表现和心理健康。

2. 学业压力的来源

学科难度：学科内容难度大、学科知识繁杂，是学业压力的主要来源之一。

考试压力：考试是学生评价学业水平的主要方式，因此考试压力常常成为学生学业压力的重要来源。

学业目标设定：学生对自身学业目标的设定，如果过高或过低都可能导致学业压力的增加。

未来规划与职业压力：高校学生面临着未来职业规划的压力，担忧自己的学业表现是否能够满足未来职业的要求。

（二）学业压力对心理健康的影响

1. 身体健康问题

过度的学业压力可能导致学生身体健康问题的出现，如失眠、头痛、消化不良等症状，长期累积还可能引发慢性疾病。

2. 情绪问题

当学业压力过大时，学生易出现情绪问题，包括焦虑、抑郁、情绪波动大等，甚至可能导致严重的心理障碍。

3. 学业表现下降

过度的学业压力可能使学生注意力难以集中，导致学业表现下降，出现学科成绩不理想的情况。

4. 社交问题

学业压力可能影响学生的社交关系，使其对人际交往产生回避心理，导致孤独感和社交障碍。

（三）心理调适机制的概念及作用

1. 心理调适机制的概念

心理调适机制是指个体在面对压力、困扰或挑战时，采取的一系列心理过程和行为，以维持或恢复心理平衡的一种自我调整机制。心理调适机制有助于个体应对各种不同的心理压力，促使其更好地适应环境。

2. 心理调适机制的作用

缓解紧张情绪：有效的心理调适机制有助于缓解个体的紧张情绪，提升情绪稳定性。

提高问题应对能力：心理调适机制可以帮助个体更好地理解和应对问题，提高问题解决的能力。

维护心理健康：通过积极的心理调适机制，个体能够更好地维护心理健康，降低心理障碍的风险。

（四）心理调适机制的实施策略

1. 积极的认知重建

通过积极的认知重建，个体可以调整对学业压力的认知，树立积极的心理态度，更好地应对学业压力。

2. 寻求社会支持

寻求社会支持是一种重要的心理调适机制，可以通过与同学、朋友、家人交流，分享感受，得到理解和支持。

3. 建立适应性的应对策略

个体可以通过建立适应性的应对策略，如制订科学合理的学习计划、分阶段解决问题等方式，提高学业应对的能力。

4. 培养积极的心理品质

培养积极的心理品质，包括乐观、坚韧、自尊等，有助于个体更好地面对学业压力，保持心理平衡。

学业压力与心理调适机制之间存在着密切的关系。学生在面对学业压力时，通过有效的心理调适机制可以更好地应对挑战，保持心理健康。未来，学校和社会需要共同努力，提供更全面的支持系统，加强心理健康教育，培养学生积极的心理调适能力，使他们在学业和生活中更加健康、平衡地发展。同时，科技的发展也为心理调适提供了新的可能性，可以更灵活、个性化地满足学生的需求，促进心理健康质量的全面提升。

三、心理危机干预与疏导体系

心理危机是指个体在面临极端压力、创伤、丧失或其他极端事件时，无法有效应对而导致心理健康问题的状态。心理危机可能对个体的生理和心理健康造成重大威胁，因此建立完善的心理危机干预与疏导体系至关重要。本部分将深入探讨心理危机的概念、常见原因以及对个体的影响，同时分析心理危机干预与疏导的定义、重要性以及建立和实施的策略。

（一）心理危机的概念与常见原因

1. 心理危机的概念

心理危机是指由于外部事件或个体内在问题引起的，使个体在短时间内无法有效应对的一种紧急情况。这种情况可能导致个体的情感、认知、行为等多个层面出现严重的紊乱，需要及时的干预和疏导。

2.心理危机的常见原因

突发事件：如自然灾害、事故、突发疾病等突发事件可能引起心理危机。

人际关系问题：家庭破裂、友谊破裂、恋爱问题等人际关系问题可能成为心理危机的原因。

心理健康问题：某些精神障碍、抑郁症、焦虑症等心理健康问题可能导致心理危机。

（二）心理危机对个体的影响

1.情感层面的影响

心理危机可能引起个体情感的急剧波动，包括焦虑、恐惧、绝望、愤怒等负面情绪的出现，影响情感平衡。

2.认知层面的影响

个体在心理危机中可能出现认知失调，对现实的认知出现偏差，难以理性思考和决策。

3.行为层面的影响

心理危机可能导致个体行为的急剧变化，包括冲动行为、自伤、自杀等严重行为，对生命安全构成威胁。

4.生理层面的影响

长期的心理危机状态可能对个体的生理健康产生负面影响，如免疫系统下降、慢性疾病风险增加等。

（三）心理危机干预与疏导的定义与重要性

1.心理危机干预与疏导的定义

心理危机干预与疏导是指在个体面临心理危机时，通过专业的心理学干预手段和疏导技巧，帮助个体缓解情绪、理清思绪，有效应对心理危机，恢复心理平衡。

2.心理危机干预与疏导的重要性

保障生命安全：在心理危机中，一些个体可能产生自杀、自伤等危险行为，及时的心理危机干预与疏导能够保障个体的生命安全。

减轻心理痛苦：当产生心理危机时，个体常常伴随着强烈的情绪痛苦，干预与疏导有助于减轻其心理痛苦。

促进心理恢复：通过专业的干预和疏导，能够促进个体心理的恢复，帮助其逐渐走出心理危机的状态。

（四）心理危机干预与疏导体系的建立和实施策略

1. 建立心理危机干预团队

学校和社区应建立专业的心理危机干预团队，包括心理医生、心理咨询师、社工等专业人员，提供全面的干预服务。

2. 制订心理危机干预计划

建立系统的心理危机干预计划，明确各个层面的工作内容和责任分工，确保心理危机发生时能够迅速、有序地进行干预。

3. 提供心理疏导服务

除专业的心理治疗外，还要提供心理疏导服务，通过与专业人员的交流，帮助个体表达情感、理清思绪。

4. 制订心理健康教育计划

加强心理健康教育，提高个体对心理危机的认知，培养他们应对心理危机的能力，预防心理危机的发生。

心理危机干预与疏导体系的建立是保障个体心理健康、预防和应对心理危机的重要举措。通过建立专业的干预团队、制订全面的计划、提供多层次的服务，可以更有效地应对心理危机，降低心理危机对个体的负面影响。未来，社会、学校和医疗机构需要共同努力，整合资源，发展科技助手，加强心理健康教育，以建立更为完善的心理危机干预与疏导体系，为个体提供更全面、及时的心理支持。

第三节　高等院校学生住宿管理

一、宿舍管理制度与建设

宿舍作为高校学生的重要居住场所，其管理制度与建设直接关系到学生的学习、生活和身心健康。良好的宿舍管理制度和舒适的宿舍环境对提高学生的居住质量、促进社会交往、培养学生的自律能力都具有重要意义。本部分将深入探讨宿舍管理制度的重要性、制度内容与建设要点，并探讨未来宿舍管理的发展趋势。

（一）宿舍管理制度的重要性

1. 为学生提供安全保障

宿舍管理制度可以规范学生在宿舍的行为，确保宿舍内外的安全，减少各类意外事件的发生，为学生提供一个安全的生活环境。

2. 促进学生的自律能力

宿舍管理制度通过规定宿舍内的秩序和行为规范，有助于培养学生的自律能力，提高他们的自我管理和自我约束水平。

3. 创造良好的学习氛围

通过宿舍管理制度，可以规范学生的学习行为，创造一个安静、有序的学习环境，有利于提高学生的学习效率和学术成就。

4. 促进社会交往与合作

宿舍管理制度可以规范学生之间的相互关系，促进社会交往和合作，培养学生团队协作的精神，提升他们的人际交往能力。

（二）宿舍管理制度的内容

1. 作息规定

明确宿舍居住者的作息时间，规定晚上的熄灯时间，以保障每位学生的休息和学习需求。

2. 安全规定

明确宿舍内外的安全要求，包括用电安全、消防安全等，制定相关的紧急处理流程，确保学生在宿舍的生活安全。

3. 行为规范

规定学生在宿舍的基本行为规范，包括但不限于不得打扰他人休息、不得随意摆放私人物品、不得违法乱纪等。

4. 卫生要求

明确学生对宿舍卫生的责任，规定定期进行卫生检查和清理，保持宿舍环境整洁。

5. 社交规定

规定学生在宿舍的社交行为，包括邀请他人来访的规定、共用设施的使用规定等，促进学生良好的社交关系。

（三）宿舍建设的要点

1. 舒适的居住环境

宿舍建设要注重提供舒适的居住环境，包括室内通风、光照、隔音等方面，为学生提供一个适宜居住的空间。

2. 充足的公共设施

建设宿舍时要考虑充足的公共设施，包括洗手间、淋浴间、厨房等，方便学生的日常生活需求。

3. 安全设施的设置

在宿舍区域设置安全设施，包括灭火器、逃生通道等，以提供紧急情况下的安全保障。

4. 智能化管理系统

引入智能化管理系统，如门禁系统、监控系统等，提高宿舍管理的效率和安全性。

（四）未来宿舍管理的发展趋势

1. 引入智能科技

未来宿舍管理将更加智能化，引入智能科技，通过人脸识别、智能家居等技术手段提升宿舍管理的效率和便捷性。

2. 强化心理健康支持

未来宿舍管理将更加注重学生心理健康，建立心理咨询服务机制，为学生提供心理健康支持。

3. 加强社区建设

宿舍管理将更加注重构建学生社区，通过组织各类社区活动、加强社区共建，促进学生之间的交流与合作。

4. 强调个性化服务

未来宿舍管理将更加注重个性化服务，根据学生的不同需求提供差异化的管理和服务，满足不同学生群体的不同需求。

宿舍管理制度与建设直接关系到高校学生的生活品质和学习环境。通过建立健全的宿舍管理制度，规范学生的行为，提高学生的自律能力，为学生提供一个安全、舒适、有益于学习的居住环境。同时，在宿舍建设中注重舒适的居住环境、充足的公共设施、安全设施的设置以及智能科技的引入，可以提升宿舍的管理水平和服务质量。未来，宿舍管理将更加智能化、注重心理健康支持、加强社区建设，并强调个性化服务，以满足不同学生群体的需求。

同时，宿舍管理不仅仅是学校的责任，也需要学生的积极参与与配合。学校可以通过开展相关的宣传教育活动，提高学生对宿舍管理制度的认知和遵守度。此外，建立学生参与宿舍管理的机制，让学生参与到宿舍事务中来，培养他们的责任心和团队协作精神。

在未来的发展中，宿舍管理不仅仅是为了提供一个住宿场所，更是为了塑造一个有利于学生成长、学习、社交和发展的生活空间。通过不断完善管理制度、优化宿舍环境、提升服务水平，可以更好地满足学生的需求，促进其全面发展。

总体而言，宿舍管理制度与建设是高校管理中的一项重要工作。通过合理的制度规范和良好的建设，可以为学生提供一个安全、舒适、有序、有益于学习和生活的宿舍环境，为学生的全面发展创造良好条件。未来的宿舍管理将更加智能、个性化，注重学生的心理健康和社区建设，为学生提供更为细致入微的服务。这需要学校和社会各方的共同努力，共同促进宿舍管理模式的不断创新与服务水平的提升。

二、生活服务与学生宿舍文化建设

学生宿舍作为学生在校园内的寄宿地，不仅仅是提供住宿的场所，也是学生生活的一部分。生活服务和宿舍文化建设在学校管理中起着重要的作用。本部分将深入探讨生活服务与学生宿舍文化建设的关系，分析生活服务的内容和方式，以及宿舍文化建设的重要性和实施策略。

（一）生活服务的重要性

1. 提升学生生活品质

生活服务通过提供便捷、优质的生活服务设施，可以显著提升学生的生活品质。这包括宿舍内设施的完善、生活用品的供给等。

2. 增强学生归属感

通过提供贴心的服务，使学生感受到学校的关爱和关心，增强学生对学校的归属感，从而更好地融入校园生活。

3. 促进学生全面发展

良好的生活服务可以帮助学生更好地平衡学业和生活，创造有利于学生全面发展的生活环境，培养学生的自主管理和社交能力。

（二）生活服务的内容与方式

1. 宿舍设施与维护

确保宿舍设施的完备，包括床铺、桌椅、衣柜等基本设施，并加强设施的定期维护和更新。

2. 生活用品供应

提供必要的生活用品，如床上用品、洗漱用品等，方便学生的日常生活。

3. 快递服务

建立便捷的快递服务系统，方便学生收寄包裹，减轻学生的后勤负担。

4. 餐饮服务

在宿舍区域提供多样化、健康的餐饮服务，满足学生的不同口味需求，减轻学生外出就餐的压力。

5. 健康管理服务

提供健康咨询、常见病症的应急处理等服务，关注学生的身体健康，提供必要的医疗支持。

（三）学生宿舍文化建设的重要性

1. 塑造良好的学习氛围

通过宿舍文化建设，可以塑造积极向上的学习氛围，促进学生在宿舍内的学术交流和合作。

2. 弘扬校园精神

宿舍文化建设是校园文化的一部分，可以通过文化活动、主题宣传等方式，弘扬学校的核心价值观和精神风貌。

3. 提升宿舍社区凝聚力

通过建设具有特色的宿舍文化，可以增强宿舍社区的凝聚力，促使学生更好地融入宿舍集体。

4. 培养学生的责任心和团队协作精神

通过参与宿舍文化建设，学生可以培养责任心、团队协作精神，提高他们的组织管理和活动策划能力。

（四）学生宿舍文化建设的实施策略

1. 设立宿舍文化建设工作组

学校可以设立专门的宿舍文化建设工作组，负责制订、推动和执行宿舍文化建设计划。

2. 丰富多彩的文化活动

组织各类丰富多彩的文化活动，如主题演讲、文艺汇演、座谈会等，丰富学生的宿舍生活。

3. 制订宿舍文化建设计划

制订宿舍文化建设长远计划，包括宿舍主题、文化活动周期、活动形式等，确保文化建设的连续性和深入性。

4. 创造宿舍文化氛围

通过布置宿舍环境、设置文化墙、制作文化手册等方式，创造浓厚的宿舍文化氛围，激发学生的参与热情。

生活服务与学生宿舍文化建设是高校管理中不可或缺的重要环节。通过提供全面的生活服务，提升学生的生活品质，同时通过宿舍文化建设，塑造积极向上的学习氛围和浓厚的宿舍文化，可以促进学生全面发展，增强学生对学校的归属感。未来，数字化服务、个性化需求、社会资源合作等方面的发展趋势将进一步丰富生活服务与宿舍文化建设的手段与内容。高校在这方面需要不断创新，与时俱进，为学生成长提供更为丰富、智能、环保的生活服务和文化建设。通过共同努力，学校和学生共同打造出温馨、和谐、有活力的宿舍文化，推动学生全面成长与发展。

三、安全管理与紧急事件处置

在高校管理中，安全管理与紧急事件处置是至关重要的环节。学校作为一个大规模的社群，涉及师生众多，涵盖了各种生活、学习、工作等方面，因此需要建立完善的安全管理制度，并设立科学的紧急事件处置机制。本部分将深入探讨安全管理的重要性、安全管理的内容与方式，以及紧急事件处置的原则与策略。

（一）安全管理的重要性

1. 保障师生的人身安全

安全管理的首要任务是保障校园内师生的人身安全，防范各类意外事件和犯罪行为的发生。

2. 保护校园财产安全

除了人身安全，安全管理，也涉及校园内财产的安全，包括教学设施、实验室设备、图书资料等。

3. 维护校园正常秩序

安全管理有助于维护校园的正常秩序，预防和解决各类纠纷、打架等事件，为学习和工作提供和谐的环境。

4. 培养学生安全意识

通过安全管理，可以培养学生的安全意识，使其养成良好的安全习惯，提高自我保护能力。

（二）安全管理的内容与方式

1. 安全管理制度的建立

建立明确的安全管理制度，包括人员、设施、设备等方面的管理规定，确保校园内各项工作有序进行。

2. 安全巡查与监控

进行定期的安全巡查，建立校园监控系统，及时发现并纠正潜在的安全隐患。

3. 防火、防爆措施的实施

建立完善的防火、防爆设施，进行相关培训，提高师生的防范意识和应急反应能力。

4. 交通管理

制订科学合理的交通管理方案，确保校园内外的交通秩序，降低交通事故的发生率。

5. 安全教育与演练

定期组织安全教育活动，进行安全演练，提高师生应对突发事件的应急能力。

（三）紧急事件处置的原则与策略

1. 迅速、果断、有效

在面对紧急事件时，处理应迅速、果断且有效，以最小的代价防止事件进一步恶化。

2. 统一指挥、协同合作

建立紧急事件处置的统一指挥体系，实现各部门的协同合作，形成紧密的应急工作网络。

3. 信息公开与透明

及时、准确地向师生发布相关信息，保持信息的公开透明，避免谣言的传播和不必要的恐慌。

4. 人性化关怀与心理干预

在紧急事件后，对受影响的师生进行人性化关怀和心理干预，帮助其尽快走出事件的阴影。

安全管理与紧急事件处置是高校管理工作中的重要组成部分。通过建立科学合理的安全管理制度，加强安全教育与培训，制订有效的紧急事件处置方案，学校可以更好地保障师生的安全，维护校园的正常秩序。未来，随着科技和社会的不断发展，安全管理与紧急事件处置将不断迎来新的机遇与挑战。学校需要不断创新，引入新技术、新理念，提高安全管理的水平，为师生提供更加安全、稳定的学习与工作环境。

第四节　高等院校学生日常违纪管理

一、违纪行为分类与管理原则

在高校管理中，违纪行为的分类与管理是维护学校秩序和推动学生全面发展的重要组成部分。通过科学的分类和有效的管理原则，学校能够更好地引导学生，培养他们的纪律观念和责任心。本部分将深入探讨违纪行为的分类、管理的基本原则，以及在管理中的一些策略和实施方式。

（一）违纪行为的分类

1. 学术违纪行为

学术违纪行为主要包括抄袭、作弊、剽窃等行为，严重影响了学术诚信和学术环境。

2. 行为规范违纪

行为规范违纪包括但不限于违反宿舍规定、打架斗殴、涉及违法犯罪等与学校行为规范不符的行为。

3. 诚信违规

诚信违规涉及信用和诚信的违规行为，如不守诚信承诺、伪造证明材料等。

4. 纪律违纪

纪律违纪涉及学校纪律和管理规定的违纪行为，如逃课、迟到早退、擅自离校等。

5. 社会公德违纪

社会公德违纪包括但不限于不尊敬师长、恶意损坏公共财产、不文明行为等违背社会公德的行为。

（二）违纪行为管理的基本原则

1. 公正公平原则

在违纪行为的处理中，要坚持公正公平的原则，不偏袒任何一方，对每位学生一视同仁，确保处理过程的公正性。

2.教育为主原则

对一些轻微的违纪行为，应采取教育为主的原则，通过引导、劝导、教育等方式帮助学生认识错误，培养其正确的行为观念。

3.处罚与教育相结合

对一些严重的违纪行为，除了教育，也需要适当的处罚措施，以起到惩戒作用，防止类似行为的再次发生。

4.个案化管理原则

每个违纪行为都有其特殊性，要根据具体情况进行个案化的管理，因人施策，综合考虑学生的个人情况、行为原因等进行综合评估。

5.法治原则

违纪行为的管理应当依法进行，学校要依法制定违纪处理的规章制度，并按照法定程序进行处罚或教育。

（三）违纪行为管理的策略与实施方式

1.制定明确的违纪处理规定

学校应当制定明确的违纪处理规定，明确各类违纪行为的处理流程和标准，确保学生和教职工都清楚相关规定。

2.加强宣传教育

通过开展宣传教育活动，提高学生的法律意识和纪律观念，引导他们自觉遵守学校规章制度。

3.建立违纪档案

建立学生的违纪档案，详细记录学生的违纪行为和处理过程，为其后续的教育和管理提供参考。

4.引入心理咨询服务

对一些行为较为严重的学生，可以引入心理咨询服务，通过专业心理辅导帮助其解决问题，促进其心理健康。

5.强化家校合作

学校与家长之间要强化沟通与合作，及时向家长通报学生的违纪情况，征求家长的意见，共同关心学生的发展和成长。

6. 采取适当的奖惩措施

对表现良好、守纪守法的学生，可以采取适当的奖励措施，激励他们继续保持良好的行为。

7. 持续监测和评估

学校应建立起持续监测和评估的机制，及时调整和改进违纪行为的管理策略，确保管理工作的有效性。

违纪行为的分类与管理是高校管理工作中的一个重要方面。通过科学的分类和有效的管理原则，学校能够更好地引导学生，培养他们的纪律观念和责任心。在未来的发展中，学校需要不断创新管理手段，引入新技术、新理念，结合学生的特点，制定更科学、智能的违纪管理策略，为学生成长提供更为全面、健康的教育环境。通过持续的努力，可以更好地促进学生的全面发展，为社会培养更多优秀的人才。

二、违纪处理程序与机制

违纪行为的处理程序与机制是高校管理体系中的一项重要内容，它关系到学校的秩序维护、学风建设以及学生个体素质的培养。本部分将深入探讨违纪处理的基本程序、机制的建立与运作，以及在处理中的一些原则和策略。

（一）违纪处理的基本程序

1. 举报与发现

违纪处理的第一步是举报与发现。违纪行为既可能是由学生、教职工或其他校园成员举报，也可能是通过监察、巡查等手段被学校管理部门发现。

2. 信息收集与核实

一旦接到违纪行为的举报或发现，学校就需要对相关信息进行收集与核实。这包括对当事人的核实身份、违纪事实的真实性以及可能的证据等。

3. 开展调查

在信息收集与核实的基础上，学校会进行进一步的调查工作。这可能涉及对当事人、证人的询问，相关文件的查阅，甚至可能需要启动一些专门的调查小组。

4.制订处理方案

在调查结束后，学校需要根据调查结果制订相应的处理方案。方案的制订应当充分考虑到学校的规章制度、相关法律法规，并综合考虑当事人的个体情况。

5.召开违纪处理会议

一旦处理方案制订完成，学校就可以组织相关会议，以形式化的方式宣布处理结果。这既可能涉及违纪处理委员会的召开，也可能是由相关领导负责主持。

6.公示与执行

违纪处理的结果需要进行公示，以确保学校内外的透明度。同时，学校还需要确保处理结果的执行，监督当事人履行相应的处罚或教育措施。

（二）违纪处理机制的建立与运作

1.制定明确的违纪处理规定

学校需要制定明确的违纪处理规定，明确各类违纪行为的处理流程和标准，确保学生和教职工都清楚相关规定。

2.建立违纪处理委员会

学校可以建立专门的违纪处理委员会，负责处理各类违纪行为。委员会的组成成员需要具备一定的法律和心理学知识，以确保处理的公正性和科学性。

3.畅通投诉与申诉渠道

在建立违纪处理机制时，学校需要畅通投诉与申诉渠道，确保学生和相关人员能够在违纪处理过程中提出异议或投诉。

4.引入法律意识教育

为了提高当事人对法律法规的遵守意识，学校可以引入法律意识教育，加强对相关法律法规的宣传和培训。

5.违纪处理机制的监督与评估

建立违纪处理机制后，学校需要进行监督与评估。这包括对违纪处理的流程、程序、结果等方面进行定期的检查，及时调整和改进机制。

（三）在违纪处理中的原则和策略

1.法治原则

学校在处理违纪行为时必须坚持法治原则，依法进行处罚和教育。任何违纪处理都应当符合相关法律法规的规定，确保合法、公正、公平。

2.教育为主原则

在处理违纪行为时，应当以教育为主，引导学生认识错误，树立正确的价值观和行为观念。处罚措施应当有助于学生的成长和发展。

3.个案化管理原则

每个违纪行为都有其特殊性，要根据具体情况进行个案化的管理。因人施策，综合考虑当事人的个人情况、行为原因等进行综合评估。

4.公开透明原则

违纪处理应当遵循公开透明原则，对学校内外都要公示处理结果，确保整个处理过程公开、透明，避免信息封闭、不透明。

5.及时性原则

在违纪行为的处理中，及时性是一个重要的原则。对一旦发现的违纪行为，学校就应当及时采取行动，进行调查和处理，以防止问题的进一步恶化。

6.善意教育原则

在对违纪行为进行处理时，学校要保持一种善意教育的态度，不仅要关注错误，更要关注学生的成长。通过合理的教育手段，引导学生走向正确的道路。

三、日常纪律教育与学生自律培养

日常纪律教育与学生自律培养是高校管理中的一项基础性工作，对培养学生的自我管理能力、维护学校秩序、提升教育质量具有重要意义。本部分将深入探讨日常纪律教育的重要性、学生自律培养的原则与策略，以及未来的发展趋势。

（一）日常纪律教育的重要性

1.培养学生的纪律观念

日常纪律教育是培养学生良好纪律观念的重要途径。通过日常生活中的细致管理和规范引导，学生能够逐渐养成自觉遵守规定、维护校园秩序的良好习惯。

2. 促进学生全面发展

良好的纪律有助于学生集中精力学习，提高学习效率。通过规范的日常纪律教育，学校可以为学生提供一个有序、安定的学习环境，促进其全面发展。

3. 培养团队协作精神

日常纪律教育有助于培养学生的团队协作精神。在有序的学校环境中，学生更容易形成合作、互助的氛围，增强团队凝聚力，提高整体学生素质。

4. 塑造良好校风校貌

通过日常纪律教育，学校能够塑造出良好的校风校貌。有序的校园生活不仅能够为学生提供一个良好的成长环境，也可以为校外社会树立一个积极向上的形象。

（二）学生自律培养的原则与策略

1. 制定明确规定与制度

学生自律的前提是学校需要制定明确的规定与制度。这些规定应当涵盖学生在学校生活中的方方面面，如学习、行为、宿舍管理等，确保学生明白规矩，自觉遵守。

2. 激发学生内在动力

学生自律培养不仅仅是外部规范的问题，更需要激发学生内在的动力。学校可以通过激发学生的兴趣、培养他们的责任心，使他们主动参与自我管理。

3. 建立奖惩机制

学校可以建立奖惩机制，通过奖励表彰出色的学生，同时对违规行为进行适当的惩罚。奖惩机制有助于形成规范的学校秩序，促使学生自觉遵循。

4. 引导学生参与管理

学校可以引导学生参与校园管理的过程，如成立学生自治组织、开展学生代表选举等，使学生更多地参与到学校管理中来，培养他们的责任感。

5. 通过教育课程培养自律意识

学校可以通过开设相关的教育课程，培养学生的自律意识。这些课程可以包括学习方法、时间管理、团队协作等方面的内容，帮助学生更好地理解自律的重要性，掌握自我管理的技能。

6.引导学生树立正确的人生观、价值观

学校应该通过教育引导，帮助学生树立正确的人生观和价值观。这有助于学生形成积极向上的生活态度，从而更加自觉地进行自我约束和管理。

7.培养团队协作与社交能力

学生的自律不仅仅体现在个体层面，也包括团队协作与社交层面。学校可以通过开展团队活动、社会实践等方式，培养学生的团队协作和社交能力，让他们更好地适应集体生活。

（三）未来发展趋势

1.利用科技手段提升自律培养效果

未来，学校可以利用科技手段，如智能化管理系统、在线教育平台等，提升学生自律培养的效果。通过技术手段，可以更精准地监测学生的学习和行为，为学校提供数据支持，更好地进行个性化指导。

2.推动个性化、差异化培养

每个学生的自律水平存在差异，未来的发展趋势是推动个性化、差异化的自律培养。学校可以根据学生的特点、兴趣、需求，量身定制自律培养计划，使之更加贴近学生的个体差异。

3.加强家校合作，共同培养学生自律意识

学校与家庭是学生成长过程中两个重要的环境，未来需要加强家校合作，共同培养学生的自律意识。通过家庭和学校的双重引导，使学生在不同环境中形成更加健康的自律习惯。

4.引入跨学科、实践性课程

为了更好地培养学生的自律能力，学校可以引入跨学科、实践性课程。这些课程可以涵盖社会实践、团队协作、领导力等方面，让学生在实际操作中提升自律水平。

5.注重心理健康教育，促进自我认知与管理

未来学校的自律培养工作还需注重心理健康教育。通过心理健康教育，学校可以帮助学生更好地认识自己，学会正确处理压力、情绪等，从而更好地进行自我管理。

日常纪律教育与学生自律培养是学校管理的基础性工作，直接关系到学

校秩序的维护和学生全面发展的推进。通过制定明确的规定与制度、激发学生内在动力、建立奖惩机制等措施，学校可以有效进行日常纪律教育。同时，通过培养学生正确的人生观、价值观，引导其树立自律意识，学校可以更好地促进学生自律能力的培养。未来，学校可以借助科技手段，推动个性化、差异化培养，加强家校合作，注重心理健康教育，使学生在自律方面更加全面、健康地成长。通过不断创新，学校能够更好地适应社会发展的需求，为培养更具自律能力的新一代人才做出更大贡献。

第五章　高等教育实践管理机制与组织结构

第一节　高等教育实践教学管理的机制

一、实践教学计划与实施机制

实践教学作为高等教育中不可或缺的一部分，对学生的综合素质和实际应用能力的培养起着至关重要的作用。实践教学计划及其实施机制的设计和执行，直接关系到教学质量和学生成就。本部分将深入探讨实践教学计划的制订、实施机制的建立与运作，以及未来发展的趋势。

（一）实践教学计划的制订

1. 确定实践教学目标

实践教学计划的首要任务是明确实践教学的总体目标。这需要考虑到学科特点、学生发展阶段和社会需求，确保实践教学目标与整体教学目标相一致。

2. 分析学科特点与学生需求

每个学科都有其独特的实践要求，实践教学计划应当充分分析学科特点，结合学生的专业方向和兴趣，确保实践内容能够满足学生的需求。

3. 制定具体实践项目

在明确总体目标的基础上，制定具体的实践项目。这些项目可以包括实习、实训、科研项目、社会实践等，确保学生能够在实际操作中应用所学知识。

4. 整合跨学科资源

实践教学计划的制订需要整合跨学科资源，吸纳不同领域的专业知识和实践经验。跨学科的合作有助于培养学生的综合素质和跨学科能力。

5. 设定评价标准与指标

为了确保实践教学的质量，必须设定明确的评价标准与指标。这既包括对学生综合能力的评估，也包括对实践项目效果的评价，以便及时调整和改进实践教学计划。

（二）实施机制的建立与运作

1. 教学团队组建

实践教学的成功实施离不开一个强大的教学团队。学校应当确保有资深的教师和实践导师，他们既要有丰富的教学经验，也需要具备实际应用领域的实践经验。

2. 制订详细的实施计划

在实践教学计划的基础上，教学团队需要制订详细的实施计划。这包括项目安排、资源调配、学生管理等方面的具体安排，确保整个实践过程有序进行。

3. 学生参与管理机制

学生是实践教学的主体，因此应当建立学生参与管理机制。这包括学生的项目选择、实践计划的个性化调整，以及学生在实践项目中的自主管理与反馈。

4. 产学研结合的实践机制

为了更好地培养学生的实际应用能力，学校应当建立产学研结合的实践机制。与企业、科研机构等建立紧密联系，将实践教学与实际产业需求相结合，使学生更好地融入实际工作环境。

5. 建立实时监控与反馈机制

实践教学过程中，需要建立实时监控与反馈机制。通过信息技术手段，可以实时了解学生在实践中的表现，及时发现问题并给予指导，以确保实践教学的顺利进行。

实践教学计划与实施机制的设计及执行是高等教育中的重要环节，直接关系到学生的实际应用能力和职业素养的培养。通过制订明确的实践教学计划，建立健全的实施机制，学校可以更好地推动学生的全面发展。未来，随着科技、社会、产业等方面的发展，实践教学将迎来更多的创新与拓展。通过引入虚拟实践技术、在线实践教学、国际合作与交流等手段，学校能够更好地满足学生的多样化需求，培养更具有全球竞争力的人才。同时，强调社会责任、可持续发展、创新创业等元素，有助于培养学生更具有综合素质的实践能力。通过不断创新，学校能够更好地适应未来社会的发展需求，为学生提供更富有成效的实践教学。

二、学生实践活动与实习实训管理

学生实践活动、实习实训是高等教育中非常重要的组成部分，能够为学生提供实际操作的机会，增强他们的综合素质。然而，有效的管理对保证实践活动的顺利进行和取得好的教学效果至关重要。本部分将深入探讨学生实践活动与实习实训的管理，包括管理体制的构建、监督机制的建立、学生评价与反馈等方面。

（一）管理体制的构建

1. 制定明确的管理政策与规定

学生实践活动与实习实训的管理体制首先需要建立明确的管理政策及规定。这些规定应包括实践活动的组织形式、时间安排、实践地点选择、学生报名和资格审核等方面的具体规范，以确保管理工作的有序进行。

2. 设立专门的实践管理部门

为了更好地管理学生实践活动与实习实训，学校可以设立专门的实践管理部门。该部门负责实践计划的制订、实践资源的整合、实习实训基地的合作与管理等工作，确保实践活动的高效推进。

3. 建立跨学科的实践管理团队

实践活动通常涉及多个学科领域，因此建议建立跨学科的实践管理团队。这样的团队可以整合不同学科背景的专业知识，更好地满足多样化实践需求。

4. 引入信息技术支持

信息技术在实践活动管理中发挥着重要作用。学校可以引入信息管理系统，对实践活动的过程进行监控、数据统计，提高管理的效率和精确度。

（二）监督机制的建立

1. 实行实践活动的质量监督

为确保实践活动质量，学校需要建立实践活动的质量监督机制。这包括对实践计划、实践基地、实践导师的评估，以及对学生实践成果的审核等环节。

2.建立实习实训基地评估制度

实习实训基地的选择直接关系到学生实际操作的水平，因此需要建立基地评估制度。通过对基地硬件设施、导师水平、实训项目等方面的评估，筛选合格的实习实训场所。

3.引入外部评估机构

为了提高评估的客观性和公正性，学校可以引入外部评估机构，由独立的专业团队对实践活动与实习实训进行评估。外部评估结果可以作为学校改进的依据。

4.学生评价与反馈机制

学生是实践活动的主体，建立学生评价与反馈机制对提升实践活动质量非常重要。学校可以通过问卷调查、小组座谈等方式收集学生的意见和建议，及时调整和改进实践计划。

（三）学生评价与反馈

1.制定明确的评价标准

学生参与实践活动与实习实训后，需要对其进行评价。学校应当制定明确的评价标准，包括学术水平、实际操作能力、团队协作等多个方面，以全面了解学生的综合素质。

2.引入多元化的评价手段

评价学生参与实践活动及实习实训不应仅仅依赖笔试或口试。学校可以引入多元化的评价手段，如实际操作考核、实训报告、综合能力展示等，以更全面地评价学生的表现。

3.提供及时的反馈与辅导

及时的反馈对学生的成长至关重要。学校应当建立起及时的反馈机制，向学生提供实时的评价结果，并根据评价结果提供个性化的辅导与指导，帮助学生不断提升学习质量。

4.关注学生的职业发展规划

学生实践活动与实习实训是为了更好地为将来的职业生涯做准备。因此，学校在评价中应关注学生的职业发展规划，提供有针对性的建议。这可以包括对学生职业技能的提升、行业认识的加深、职业规划的优化等方面的指导，帮助学生更好地规划未来职业发展方向。

5. 建立学生档案与成就展示系统

学校可以建立学生档案与成就展示系统，记录学生在实践活动与实习实训中的表现和成果。这不仅有助于学校对学生的全面评价，也可以为学生未来的求职和升学提供有力的支持。

学生实践活动与实习实训管理是高等教育中的一项复杂而重要的工作。通过构建明确的管理体制，建立监督机制，实施学生评价与反馈，学校可以更好地保障实践活动的顺利进行，为学生提供更丰富的实践经验。未来，随着技术的发展和社会的变革，学校需要不断创新管理模式，引入先进技术手段，推动实践活动的国际化与产学研深度合作，以培养更具实际应用能力和创新意识的优秀人才。

三、实践教学效果评估与改进

实践教学作为高等教育中的一项关键环节，对学生的实际操作能力和综合素质的培养起着至关重要的作用。为了确保实践教学的有效性和质量，对实践教学效果进行评估并不断进行改进显得尤为重要。本部分将深入探讨实践教学效果评估的方法与指标，以及在评估的基础上进行的改进策略。

（一）实践教学效果评估的方法与指标

1. 评估方法的选择

实践教学效果的评估可以采用多种方法，包括定性和定量相结合的方式。其中，定性方法可以通过观察、访谈、案例分析等手段收集学生的实际表现和反馈；定量方法可以通过成绩统计、问卷调查等方式量化学生在实践活动中的表现。

2. 学生综合能力评估

实践教学的最终目标是培养学生的实际操作能力和综合素质。因此，评估的重点应放在学生的实际表现上，包括技能掌握、问题解决能力、创新能力等多个方面。通过综合能力评估，可以更全面地了解学生在实践中的发展情况。

3.实践项目的效果评价

针对具体的实践项目，应进行项目效果的评价。这包括项目的设计是否合理，实施过程是否顺利，以及学生在项目中的实际收获等方面。通过对实践项目效果的评估，可以及时发现问题并进行改进。

4.学生自我评价与反馈

学生自我评价与反馈是评估的重要环节之一。通过让学生对自己的实践经验进行总结和评价，可以帮助他们更好地认识到自己的优势和不足，从而有针对性地进行改进。

5.教师评估与导师反馈

教师和实践导师在实践教学中担任重要角色，他们的评估与反馈对学生的成长至关重要。教师可以通过观察学生的实际操作、批阅报告、定期面谈等方式进行评估，导师则可以根据实践活动中的学生情况进行反馈。

（二）实践教学效果评估的改进策略

1.定期开展评估与反馈会议

为了确保实践教学效果的及时评估和改进，学校可以定期组织评估与反馈会议。这些会议可以包括教师、导师和学生的参与，共同总结并分享经验，提出改进建议，形成共识。

2.建立实时监控机制

引入信息技术手段，建立实时监控机制，能够及时了解实践教学的进展情况。通过数据分析，可以发现学生在实践中的问题，以便采取及时的措施进行解决。

3.引入专业评估机构

学校可以引入专业评估机构，对实践教学效果进行独立评估。专业评估机构能够提供客观、中立的评价，为学校提出改进建议，促进实践教学的不断优化。

4.推行导师制度

建立导师制度，为每位学生分配专业的实践导师，有针对性地进行指导和辅导。导师在实践教学中不仅起到指导作用，同时也是学生的反馈渠道，通过与导师的交流，学生能够更好地认识自己的优势和不足。

5.加强教师培训

教师是实践教学的关键执行者，因此需要加强教师的培训。培训内容包括实践教学的方法、评估工具的使用、学生指导技巧等方面，提升教师在实践教学中的水平和能力。

6.建立学生档案与追踪系统

建立学生档案与追踪系统，记录学生在实践教学中的表现、成绩和反馈信息。通过对学生的长期追踪，学校可以了解学生在整个学业过程中的发展轨迹，为更有针对性的改进提供数据支持。

实践教学效果的评估与改进是持续不断的过程，需要学校、教师和学生的共同努力。通过选择合适的评估方法与指标，建立有效的反馈机制，以及采取科学的改进策略，学校可以不断提升实践教学的质量，更好地促进学生的全面发展。在评估中，学校应当充分倾听学生的声音，关注教师的反馈，同时注重实践导师和专业评估机构的专业意见，形成全面而客观的评价体系。

在改进策略的制定过程中，学校可以从多个层面入手，包括评估方法的创新、师资培训的加强、信息技术的运用等。通过引入新的理念和技术手段，学校能够更灵活地应对实践教学中的挑战，提高管理水平和教学效果。

实践教学的改进不仅仅是为了适应时代的变化，更是为了更好地培养学生的实际操作能力、团队协作能力和创新精神。通过评估与改进，学校可以更好地发挥实践教学的优势，使之成为学生全面素质培养的有力支持和推动力量。

第二节　高等教育实践教学管理的组织结构

一、实践教学中心的建设与发展

实践教学在高等教育中扮演着至关重要的角色，是学生全面发展的重要组成部分。为了提高实践教学的质量，许多高校建立了实践教学中心。本部分将探讨实践教学中心的建设与发展，包括建设目标、组织结构、资源配置、师资培训以及发展趋势等方面。

（一）建设目标的明确

1.提升实践教学质量

实践教学中心的首要目标是提升实践教学的质量。通过有针对性的组织和管理，实践教学中心可以确保实践活动更加符合学科特点和学生需求，促进学生的实际操作能力和创新能力的培养。

2.推动跨学科、跨专业合作

实践教学中心应促进跨学科、跨专业的合作。通过整合不同学科领域的资源和专业知识，实践教学中心有助于设计和推动更具有综合性的实践项目，提供更多元化的学习体验。

3.支持教师专业发展

为教师提供更多专业发展机会是实践教学中心的目标之一。通过组织教师培训、经验分享和研讨会等活动，实践教学中心有助于提高教师在实践教学中的水平，促使其更好地适应教学变革。

4.引领实践教学创新

实践教学中心应该成为实践教学创新的引领者。通过引入新的教学方法、教学技术和教学资源，实践教学中心可以激发创新意识，推动实践教学不断进步。

（二）组织结构的合理设计

1.领导团队的建设

建设实践教学中心需要一个具有丰富经验和领导力的团队。该团队应包括中心主任、专业教师、项目经理等，协同合作，共同推动实践教学的发展。

2.学科交叉的团队组建

为了促进跨学科的合作，实践教学中心的团队应该具备学科交叉的能力。例如，在设计实践项目时，可以有来自不同学科领域的教师和专业人士共同参与。

3.设立专业项目组

为了更好地组织实践项目，实践教学中心可以设立专业项目组。这个组织单元可以负责项目的策划、实施、监督和评估，确保项目目标得以实现。

4.学生参与的机构设置

在实践教学中心中，应当设立学生参与的机构，以促使学生在实践中发挥更大的主动性。学生参与的机构可以与中心协作，共同推动实践教学的改进和发展。

（三）资源配置的科学规划

1.实践场地与设备

实践教学中心需要提供充足的实践场地和现代化设备。这包括实验室、工作室、模拟场景等，以及与专业实践相关的先进设备，确保学生在实践中有充足的资源支持。

2.实践项目的经费支持

实践项目的开展需要经费支持。实践教学中心应当协调相关资金，为实践项目提供必要的经费，确保项目的顺利进行和高质量完成。

3.师资队伍的培训与发展

教师是实践教学的关键因素，因此实践教学中心需要注重师资队伍的培训与发展。这包括组织专业培训、支持教师参与实践项目、提供学科前沿信息等。

4.教学技术与信息系统

利用先进的教学技术和信息系统是实践教学中心的重要任务。建设在线实践平台、虚拟实验室等，有助于提高实践教学的灵活性和适用性。

（四）师资培训

1.定期专业培训

实践教学中心应定期组织专业培训，以提高教师在实践教学方面的水平。培训内容可以涵盖实践项目设计、实践指导技巧、评估方法等方面，使教师能够更好地应对实践教学的具体需求。

2.经验分享与交流平台

建立经验分享与交流平台，让经验丰富的教师与初涉实践教学领域的教师进行交流。这种交流有助于教师借鉴彼此经验，共同探讨实践教学的最佳实践，推动教学水平的共同提升。

3.实践导师队伍建设

实践导师在实践教学中发挥着重要作用，因此实践教学中心应重视实践导师队伍的建设。提供导师培训、分享成功案例、建立导师社群等方式，促使实践导师更好地履行指导学生实践的职责。

4.联合企业与行业专家

与企业和行业专家建立合作关系，邀请其参与教师培训。企业和行业专家通常能够提供实际应用的经验和行业前沿的信息，对教师在实践教学中的专业性和实用性提升有着积极的作用。

实践教学中心的建设与发展是高等教育不可忽视的重要方面。通过明确建设目标、科学规划组织结构、合理配置资源、持续进行师资培训，实践教学中心能够更好地促进实践教学的提升，为学生提供更优质的实践体验，培养更具实际操作能力的优秀人才。随着社会的不断发展和教育理念的不断创新，实践教学中心将在更广阔的领域里不断拓展其作用与影响。

二、实践教学团队的组织与培训

实践教学作为高等教育中的重要组成部分，需要具备高水平的实践教学团队来支持和推动。本部分将深入探讨实践教学团队的组织与培训，包括团队的构建、领导机制、师资培训、团队合作与沟通等方面。

（一）实践教学团队的构建

1.确定团队成员

实践教学团队的构建首先需要明确团队成员的需求。这包括实践教学主管、实践导师、实验室技术人员、项目经理等。根据实践教学的性质和规模，合理配置团队成员，确保各项工作有序进行。

2.团队成员的专业背景与经验

团队成员的专业背景和经验是构建实践教学团队的重要考量因素。应确保团队中包含有丰富实践经验的教师、技术熟练的实验室人员，以及项目管理经验丰富的专业人士，以满足实践教学的多样化需求。

3.引入跨学科与跨专业成员

为了更好地应对实践教学的综合性和复杂性，可以考虑引入跨学科与跨专业的成员。这有助于促进不同领域的交流与合作，提升团队的创新力和综合素质。

4.团队的稳定性与流动性

建立团队的稳定性对实践教学的连续性和可持续性非常重要。同时，也要考虑团队成员的流动性，鼓励成员不断提升自己的专业水平，保持团队的活力。

（二）领导机制的建立

1.设立实践教学领导团队

为了确保实践教学团队的有效组织与协调，需要设立实践教学的领导团队。该团队负责制定实践教学的总体策略、协调各项工作、解决问题与决策等。

2.强调团队领导者的领导能力

团队领导者的领导能力至关重要。领导者应具备团队管理、决策协调、问题解决等方面的能力，同时能够激发团队成员的积极性与创造性，确保团队朝着共同的目标前进。

3.建立团队自治机制

在团队内部，可以建立一定的自治机制，使得团队成员能够更加灵活地协同合作。这包括分工合作、项目小组的设立、定期团队会议等，提高团队的协同效率。

4.注重团队文化的塑造

建设积极向上的团队文化是实践教学团队建设的重要一环。通过共同的价值观、目标和信念，形成团队凝聚力，增强团队的认同感和向心力。

（三）师资培训与发展

1.制订师资培训计划

师资培训计划应该是实践教学团队建设的重要组成部分。该计划可以涵盖实践教学理念、教学方法、教学技术、项目管理、实验室安全等方面的内容，确保团队成员具备必要的教育和专业知识。

2.强调实际操作能力培养

实践教学的特点在于强调实际操作能力的培养。因此，师资培训应特别注重实践技能的传授与培养，使教师能够更好地指导学生进行实际操作，并解决实践中的问题。

3. 鼓励参与实践项目

为了提升教师对实践教学的理解与认同，鼓励教师主动参与实践项目是一种有效的培训方式。通过亲身经历实践活动，教师更容易理解实践教学的核心价值和意义。

4. 提供技术与信息支持

教师需要了解并熟悉新的实践技术和信息工具。为此，实践教学团队应该提供技术与信息支持，确保教师能够灵活运用先进的实践工具和技术。

（四）团队合作与沟通

1. 制定沟通机制

为了确保团队成员之间的有效沟通，实践教学团队应该制定明确的沟通机制。包括定期的团队会议、项目进展报告、在线沟通平台等方式，以促进信息的流通与共享。

2. 鼓励团队协作与共建

鼓励团队成员之间的协作是实践教学团队建设的关键。团队成员应该积极互助，共同解决实践教学中的问题，形成合力。可以设立团队合作奖励机制，激励成员之间的积极互动。

3. 促进团队文化的形成

团队文化对团队协作至关重要。通过组织团队建设活动、共同庆祝团队里程碑事件、设立团队荣誉等方式，形成积极向上、互信互助的团队文化，促进团队成员之间的紧密联系。

4. 多层次的沟通渠道

为了更好地促进团队成员之间的沟通，建立多层次的沟通渠道是必要的。不仅有形式化的会议与报告，还可以设立专门的沟通平台，方便团队成员随时交流观点和想法。

实践教学团队的组织与培训是实践教育质量提升的重要环节。通过合理构建团队、建立领导机制、持续进行师资培训和加强团队合作与沟通，实践教学团队能够更好地应对教育需求的多样性和不断变化的社会环境。同时，面对挑战，团队应该持续创新、灵活应对，确保实践教学的质量和效果，为学生成才提供有力支持。通过不断优化团队的结构和运作机制，实践教学团队将为培养具有实际能力和创新意识的高素质人才发挥更为重要的作用。

三、校企合作与实践教学资源整合

校企合作是高等教育体系中的一种重要模式，通过学校与企业的紧密合作，促进产学融合，提高教育实践的质量。实践教学资源整合是校企合作的核心之一，旨在充分利用校内外的资源，为学生提供更为实际和有价值的实践经验。本部分将深入探讨校企合作与实践教学资源整合，包括合作模式、资源整合策略、双方共赢等方面。

（一）校企合作的背景与意义

1.校企合作的背景

随着社会的快速发展和产业结构的不断调整，高校教育面临着更高的要求，培养出更符合社会需求的专业人才成为当务之急。校企合作作为一种创新的教育模式，正逐渐引起各界的关注和重视。

2.校企合作的意义

提升实践能力：校企合作为学生提供了更为真实和贴近实际的学习机会，帮助他们更好地理解理论知识，并将其应用于实际工作中，提升实践能力。

促进产学融合：通过与企业的合作，学校能够更好地理解企业的实际需求，有针对性地调整专业设置和课程体系，实现产学融合。

拓展就业渠道：与企业的深度合作为学生提供了更广阔的就业渠道，企业往往更愿意招聘具备实际经验的毕业生，提高了学生的就业竞争力。

（二）校企合作的模式

1.产学研合作模式

产学研合作是校企合作中的一种主流模式。学校通过与企业和研究机构的合作，共同开展产学研项目，促使产业需求与学术研究紧密结合，实现知识的传递和产业的升级。

2.人才培养基地模式

建立人才培养基地是另一种常见的校企合作模式。学校与企业签订合作协议，在企业内设立实习或实训基地，让学生在真实的工作环境中进行实践，以获得更全面的职业素养。

3. 企业导师制度

企业导师制度是通过邀请企业专业人士担任学生的导师，指导学生进行实际项目或研究。这种模式使学生能够更深入地了解行业内的实际问题和解决方案，提升实际操作能力。

（三）实践教学资源整合的策略

1. 课程资源整合

学校可以与企业共同设计和开发实践性课程，将企业的实际经验融入课堂教学。这种方式可以使学生更好地理解理论知识，并将其运用到实际场景中。

2. 实验室与设施共享

学校和企业可以共享实验室与设施资源，使学生能够在更为先进的设备上进行实践。这种共享模式可以有效减轻学校设备投入的负担，同时让学生接触到最新的行业技术。

3. 项目合作与实践任务

通过与企业开展合作项目，学校可以为学生提供更为真实的实践任务。学生参与项目，解决实际问题，不仅提高了实际操作能力，也增强了团队协作与沟通能力。

4. 企业导师与学术导师合作

学校可以安排企业导师与学术导师共同指导学生，形成一支由企业经验和学术研究相结合的导师团队。这有助于学生既能够获取企业实践经验，又能够接受学术指导。

（四）双方共赢的实践教学资源整合

1. 学校获益

提高教学水平：通过整合企业资源，学校能够更好地了解行业的实际需求，及时调整课程设置和教学内容，提高教学的实际性和实用性。

丰富实践资源：与企业合作可以为学校提供更为丰富的实践资源，包括实验室设备、实际项目、企业案例等，丰富学生的实践体验。

拓展就业渠道：通过与企业建立深度合作，学校可以更好地了解行业用人需求，为学生提供更多就业机会，提升学生的就业竞争力。

2. 企业获益

获取人才：企业通过与学校合作，可以直接参与人才培养过程，及早发现优秀学生，并在学生毕业后吸纳其加入企业。

解决实际问题：学校的实践教学项目往往与企业实际业务相关，企业参与项目合作可以帮助解决实际问题，推动企业的发展。

建立品牌形象：与高校的合作有助于企业树立良好的社会形象，提升企业在社会中的品牌认知度，有助于企业的社会责任形象。

校企合作与实践教学资源整合是高等教育的创新模式，通过共同努力，可以使学生获得更为丰富的实践经验，提高其实际操作能力和就业竞争力。在合作过程中，学校和企业需要建立稳定的合作机制，明确双方的合作目标与责任，克服面临的困难，实现双方的共赢。这种紧密的产学合作不仅有助于学校的教学质量提升，也促进了企业的发展与创新。随着社会的不断变化，校企合作将继续发挥重要作用，推动高等教育与产业的深度融合。

第三节　高等教育实践教学的时代内涵

一、产业需求与实践教学的对接

随着社会科技的迅速发展和产业结构的不断调整，高等教育面临着更为复杂和多样的人才培养需求。为了更好地培养适应社会需求的专业人才，实践教学与产业需求的对接显得尤为重要。本部分将探讨产业需求与实践教学的对接，包括对接的背景、对接的方式与策略、对接中面临的挑战与解决方案等方面。

（一）产业需求与高等教育的背景

1. 产业升级与创新发展

随着科技的不断进步和全球产业结构的升级，各个行业都在不断进行创新发展。产业需要更具实际操作能力和创新意识的专业人才，而传统的理论教育模式已经不能完全满足社会的需求。

2.就业市场的多元化需求

现代社会对人才的需求越来越多元化，企业更加注重应用型人才的培养。实践教学通过与产业对接，可以更好地满足就业市场对多方面技能的需求，提高学生的就业竞争力。

（二）产业需求与实践教学的对接方式与策略

1.产业专业委员会的设立

学校可以设立产业专业委员会，邀请相关产业领域的专业人士、企业代表等组成，与学校进行紧密的合作。委员会可以提供行业的最新需求信息，参与课程设计，推动实践教学的与产业的对接。

2.核心技能的对接

产业对高校毕业生的核心技能提出了更高的要求，学校可以通过了解产业的需求，调整课程设置，突出培养学生在专业领域的核心技能，使其更好地适应实际工作。

3.实践项目合作

学校与产业合作开展实践项目，将学生置身于真实的产业环境中。通过与企业的深度合作，学生能够更好地理解产业的运作方式，培养其解决实际问题的能力。

4.产学研一体化

促进产学研一体化是实践教学与产业需求对接的有效途径。学校可以积极参与产业研究项目，将研究成果应用于教学实践中，提高学生的实际应用能力。

5.企业导师制度

通过引入企业导师，即由企业专业人士担任学生的导师，可以实现学校与产业的深度对接。企业导师可以为学生提供实际工作经验和职业规划指导，帮助学生更好地融入产业。

（三）对接中面临的挑战与解决方案

1.教师素质面临的挑战

教师素质对实践教学的对接至关重要，而一些教师可能缺乏产业背景或实际工作经验。解决方案包括教师参与产业培训、引入产业专业人才作为兼职教师等。

2. 产业信息获取的难度

产业的发展较快，学校获取最新的产业信息可能存在一定的难度。解决方案可以通过加强与产业企业的联系，建立信息共享机制，定期进行产业调研等方式。

3. 课程体系的更新滞后

一些高校的课程体系更新滞后，与产业需求脱节。解决方案包括建立灵活的课程体系，设立专门的课程评估机制，及时调整课程内容，确保与产业的紧密对接。

4. 学生实践经验的匮乏

部分学生缺乏实际工作经验，可能导致在实践环节中表现不佳。解决方案包括加强实践教学，增加实习实训机会，鼓励学生参与产业项目等。

（四）双方共赢的产业需求与实践教学对接

1. 学校获益

提高教学质量：通过与产业对接，学校能更好地了解行业的实际需求，及时调整和优化课程内容，提高教学的实际性和适用性。

拓展实践资源：与产业合作可以为学校提供更为丰富的实践资源，包括实验室设备、实际项目、企业合作案例等，丰富学生的实践体验，使其更好地适应未来工作。

提高就业竞争力：学校通过与产业深度对接，培养出更符合产业需求的专业人才，提高毕业生的就业竞争力，使其更容易融入职业领域。

2. 产业获益

获取人才：通过与高校合作，产业可以直接参与人才培养过程，及早发现优秀学生，并在学生毕业后吸纳其加入企业，解决用人需求。

推动技术创新：与高校合作有助于产业引入新的技术和理念，推动企业的技术创新和业务发展，提高竞争力。

建立企业品牌：与高校的合作有助于企业树立良好的社会形象，提升企业在社会中的品牌认知度，吸引更多优秀的人才和业务机会。

产业需求与实践教学的对接是高等教育创新的重要一环。通过建立紧密的产学合作机制，实现教育与产业的有机融合，不仅能够更好地满足社会对多层次、多领域专业人才的需求，也有助于提升高校的教育质量和社会影响力。在对接的过程中，学校需要注重教师培训，强化实践教学体系，以适应产业发展的变化；产业方面则需要加强与高校的沟通，积极参与人才培养和技术创新。通过共同努力，实现产业需求与实践教学的有机结合，为培养更具实际能力和创新精神的高素质人才提供有力支持。这种紧密的产学合作关系有助于促进社会发展和经济繁荣，共同推动教育和产业的共赢局面。

二、创新创业教育与实践教学的融合

在当今社会，创新与创业已经成为推动社会经济发展的重要引擎。为适应这一时代的需求，高等教育机构越来越注重培养学生的创新创业能力。创新创业教育与实践教学的融合成为推动学生全面发展的重要手段。本部分将深入探讨创新创业教育与实践教学的融合，包括融合的背景、融合的方式与策略、融合中面临的挑战与解决方案等方面。

（一）创新创业教育与实践教学的融合背景

1. 时代背景下的创新创业需求

随着科技和信息时代的到来，社会对创新和创业的需求不断增加。创业不再是少数人的选择，而是越来越多年轻人追求的职业道路。创新创业教育应运而生，旨在培养学生的创新精神和创业能力。

2. 创新创业教育的社会责任

高等教育机构在社会中扮演着培养未来人才的重要角色，为社会提供创新力和创业精神。创新创业教育作为高校的一项社会责任，旨在培养具有创造力和创新能力的学生，为社会注入新的活力。

（二）创新创业教育与实践教学的融合方式与策略

1. 开设创新创业课程

学校可以通过开设创新创业相关的课程，将理论知识与实际操作相结合。这些课程旨在帮助学生理解创新创业的基本概念，并通过实际案例分析和项目设计培养学生的实际操作能力。

2. 实践项目与创业实训

与企业或社会组织合作，开展实践项目和创业实训，让学生在真实的环境中进行创新创业实践。通过参与项目，学生能够更深入地了解市场需求、行业现状，并锻炼解决实际问题的能力。

3. 创业导师制度

建立创业导师制度，邀请成功的企业家或创业导师担任学生的指导老师。创业导师可以分享自己的创业经验，指导学生在创业过程中出现的困惑，提供实用的建议和支持。

4. 创新创业竞赛与活动

举办创新创业竞赛和活动，激发学生的创业激情。这种方式不仅可以为学生提供展示才华的机会，还能够促使学生将创新创业理念转化为实际行动。

5. 产学研一体化

推动产学研一体化，使创新创业教育更贴近产业实际需求。学校可以与企业合作，共同开展创新研究项目，将研究成果应用于实践教学中，培养学生的创新意识。

（三）融合中面临的挑战与解决方案

1. 课程内容更新滞后

创新创业领域的知识更新迅速，有时课程内容难以及时跟上。解决方案是建立灵活的课程体系，定期更新课程内容，引入前沿的创新创业理念和案例。

2. 学生实际操作能力不足

部分学生在创新创业实践中缺乏实际操作能力。解决方案包括增加实践环节，加强实际操作技能的培训，提供更多的创业实训机会。

3. 缺乏创业导师资源

一些学校可能缺乏具有创业经验的导师资源。解决方案包括积极邀请企业家、创业导师参与校园活动，建立与企业的深度合作关系。

4. 学生创新创业意识培养难度大

学生在创新创业方面的意识培养需要一个过程，而不是一蹴而就的。解决方案是通过多样化的培训和活动，渐进式地培养学生的创新创业思维。

（四）双方共赢的创新创业教育与实践教学融合

1. 学校获益

提高教学质量：通过创新创业教育与实践教学的融合，学校能够更好地满足社会对创新创业人才的需求，提高教学质量。学校能够培养更具实际操作能力和创新意识的学生，使其更好地适应未来社会的发展。

增强学科竞争力：创新创业教育的融合不仅提高了学校的整体教学水平，还增强了学科的竞争力。学校通过培养出更多有创新精神的毕业生，进一步巩固了自身在相关领域的影响力。

建立校企合作关系：创新创业教育的融合需要学校与企业之间的深度合作。通过与企业建立良好的合作关系，学校能够获取更多实践资源、行业信息，并更好地将创新创业教育与实际产业需求相结合。

2. 学生获益

实践经验丰富：学生通过创新创业教育的融合，能够参与实际的项目和实践活动，积累丰富的实践经验。这有助于提升学生的实际操作能力和解决问题的能力。

创业意识培养：学校的创新创业教育能够培养学生的创业意识，使其更加敏感面对市场变化，具备发现商机和创业的能力。这对学生未来的职业发展具有积极的影响。

职业竞争力提升：在创新创业教育与实践教学的融合过程中，学生将获得更全面的素质培养，提高了其在就业市场上的竞争力。雇主更倾向招聘具有实际经验和创新能力的人才。

创新创业教育与实践教学的融合是高等教育发展的必然趋势，也是适应社会变革的重要举措。通过将创新创业理念融入教学体系，使学生在实际操作中学到知识，培养解决实际问题的能力，有助于更好地适应社会的发展需求。学校需要不断改进教学方法，开发创新创业课程，加强与企业的合作，为学生提供更多实践机会。同时，学生也需要积极参与创新创业教育，不仅将理论知识运用于实际，还要通过实践不断提升自身的创新创业能力。通过双方的共同努力，创新创业教育与实践教学的融合将更好地为社会培养出具备创新思维与实际能力的人才，推动社会的可持续发展。

三、社会责任教育与实践教学的发展

随着社会的发展，高等教育在培养学生专业知识的同时，越来越注重培养学生的社会责任感和实践能力。社会责任教育与实践教学的发展成为推动学生全面素质提升的重要一环。本部分将深入探讨社会责任教育与实践教学的发展，包括背景、发展方式与策略、挑战与解决方案等方面。

（一）社会责任教育与实践教学的背景

1. 社会责任教育的理念兴起

随着全球化和信息化的发展，社会问题愈加复杂，对人才的需求也发生了变化。社会责任教育的理念兴起，强调培养学生具备解决社会问题的能力，使其不仅是专业领域的专家，还是对社会有所贡献的公民。

2. 实践教学的日益重要

实践教学作为传统教育的补充和延伸，强调学生在真实场景中的学习和实践。实践教学有助于学生将理论知识应用于实际问题中，培养实际操作能力，是社会责任教育的重要手段之一。

（二）社会责任教育与实践教学的发展方式及策略

1. 课程设计与社会问题整合

通过调整课程设计，将社会责任理念融入专业课程中，使学生在学习专业知识的同时，关注社会问题。通过实例分析、案例教学等方式，引导学生思考专业知识与社会责任之间的关系。

2. 社会实践项目与志愿服务

开展社会实践项目和志愿服务活动，让学生亲身参与社会事务，了解社会问题，培养他们的社会责任感。通过参与志愿服务，学生可以更好地理解社会中的不同群体的需求，增强同理心。

3. 跨学科合作与项目团队建设

促进跨学科合作，组建多学科的项目团队，使学生能够在团队协作中学到更多的知识和技能。跨学科合作有助于培养学生的综合素质，让他们更好地理解和解决跨领域的社会问题。

4. 企业合作与实践基地建设

建立与企业的深度合作关系，将企业的社会责任理念融入学校的教学体系中。通过企业合作，学生能够更好地了解实际工作中的社会责任要求，提升职业素养。

5. 制定评价体系与认证标准

建立社会责任教育的评价体系和认证标准，明确学生在社会责任方面的学习目标和评估标准。通过定期评估学生在社会责任领域的表现，推动学校体系在社会责任教育方面的不断优化。

（三）发展中面临的挑战与解决方案

1. 教育体制和评价机制不完善

当前教育体制和评价机制仍然偏向传统的知识传递，较难全面评估学生在社会责任方面的表现。解决方案包括改革评价机制，引入多元化的评价方法，注重学生综合素质的培养。

2. 学生社会责任感培养难度大

培养学生的社会责任感需要长期的过程，而不是简单的课堂教学可以完成。解决方案包括通过全程导师制度、社会实践项目等方式，持续引导学生形成正确的社会责任观念。

3. 学科专业与社会问题整合难度

一些学科专业与社会问题的整合相对较难，特别是理工科等专业。解决方案包括推动跨学科合作，通过与其他学科的合作，使学生更好地理解专业知识与社会责任的结合点。

4. 社会资讯获取难度

由于社会问题的多样性和快速变化，学校在提供最新社会资讯方面可能存在一定难度。解决方案包括建立社会资讯共享机制，加强与社会各界的联系，及时获取最新信息。

社会责任教育与实践教学的发展是高等教育适应时代发展需求的重要方向。学校和学生双方通过共同努力，实现了社会责任教育与实践教学的共赢。学校在提升教学水平、拓展社会影响力方面取得了显著成果，而学生则在全面素质提升、就业竞争力提高以及价值观塑造等方面受益匪浅。随着社会的不断发展，社会责任教育与实践教学将继续发挥更为重要的作用，为培养更加全面的人才，推动社会的可持续发展做出更大的贡献。通过教育的力量，学校能够培养更多具有社会责任感的公民，共同建设更加美好的社会。

第六章　高等院校校内实训基地的建设与管理

第一节　高等院校校内实训基地的分类与建设模式

一、不同专业实训基地的特点与需求

随着社会的不断发展和产业结构的日益复杂，高等教育的实训环节变得愈发重要。不同专业领域对实训基地的需求也各有特点。本部分将深入探讨不同专业实训基地的特点与需求，分析其在培养学生实际操作能力、提升职业素养方面的作用。

（一）工程类专业实训基地的特点与需求

1. 特点

设备繁多：工程类专业实训基地需要具备各种先进的工程设备，以便学生能够进行实际的工程操作，熟悉和掌握专业技能。

安全要求高：由于工程类专业涉及大型设备和复杂工艺，实训基地对安全要求极高，必须具备完备的安全设施和规范的操作流程。

工业化生产环境：工程类专业实训基地常常模拟真实的工业化生产环境，使学生能够适应未来工作中可能遇到的情境。

2. 需求

先进设备：实训基地需要不断更新先进的工程设备，以保证学生接触到最新的工程技术和工业标准。

实践机会：学生需要充分的实践机会，通过在实训基地中参与实际项目，提高解决实际问题的能力。

安全培训：针对工程类专业的特点，实训基地需提供相关的安全培训，

确保学生能够在安全的环境中进行实践。

（二）医学类专业实训基地的特点与需求

1. 特点

模拟临床环境：医学类专业实训基地常常需要模拟真实的临床环境，包括病房、手术室等，以便学生能够进行实际的医学操作和技能培训。

临床实践：学生需要在实训基地中进行临床实践，与真实患者接触，提高诊断和治疗能力。

严格的卫生标准：由于医学类专业关乎患者的生命安全，实训基地需要遵循严格的卫生标准，保证实践的安全和卫生。

2. 需求

高度模拟：实训基地需要提供高度模拟的临床环境，以便学生在实际操作中能够更好地适应未来的医疗工作。

患者资源：为了确保学生能够获得充分的临床实践机会，实训基地既需要有足够的患者资源，也可以通过与医疗机构的合作来解决。

医疗技术更新：医学领域的技术更新较快，实训基地需定期更新医疗设备，保持与行业同步。

（三）信息技术类专业实训基地的特点与需求

1. 特点

先进的技术设备：信息技术类专业实训基地需要配备最新的计算机、网络设备，以保障学生能够接触到前沿的信息技术。

实验室环境：实训基地通常包括计算机实验室、网络实验室等，模拟真实的工作环境，使学生能够在实际场景中应用所学知识。

项目开发空间：针对信息技术类专业，实训基地需要提供项目开发空间，以支持学生进行软件、应用等项目的实践。

2. 需求

最新技术设备：实训基地需要不断更新最新的信息技术设备，以保证学生接触到最新的技术发展。

实际项目实践：学生需要有足够的机会参与实际项目的开发，锻炼团队协作和问题解决能力。

行业认证培训：针对信息技术类专业，实训基地可以提供行业认证的培训，使学生更容易通过相关的专业认证考试。

（四）艺术设计类专业实训基地的特点与需求

1. 特点

创意空间：艺术设计类专业实训基地需要提供充足的创意空间，以支持学生进行设计创作。这可能包括工作室、画室等特定的创作环境。

多媒体设备：艺术设计类专业通常需要使用各种多媒体设备，如绘图板、摄影设备等，以满足学生在创作过程中的需要。

展览空间：实训基地可以设有展览空间，使学生有机会展示他们的艺术作品，促进交流与学习。

2. 需求

专业工具与软件：提供专业艺术设计所需的工具和软件，确保学生能够熟练使用行业标准的设计工具，提高实际操作能力。

导师辅导：为学生提供专业的导师指导，帮助他们解决在创作过程中遇到的问题，提供艺术设计领域的专业知识。

行业合作机会：与艺术设计行业建立合作关系，为学生提供参与真实项目的机会，加深他们对行业实际运作的了解。

（五）经济管理类专业实训基地的特点与需求

1. 特点

模拟企业环境：经济管理类专业实训基地通常需要模拟真实企业的环境，包括办公空间、会议室等，以便学生在实际场景中进行管理实践。

实际案例分析：实训基地需要提供大量实际案例供学生分析，培养学生在实际商业环境中解决问题的能力。

模拟交易平台：部分经济管理专业，如金融专业，可能需要模拟交易平台，让学生通过模拟交易提升实战能力。

2. 需求

企业合作机会：与企业建立合作关系，为学生提供实习和参与企业项目的机会，促进实际经验的积累。

行业导师支持：为学生提供来自行业的导师支持，使他们能够更好地了解行业发展动态，提高职业素养。

创业资源：鼓励创业管理类专业的学生，实训基地可以提供相关的创业资源，如创业导师、创业孵化等支持。

（六）综合性专业实训基地的特点与需求

1. 特点

多学科交叉：综合性专业可能涉及多个学科领域，实训基地需要能够支持多学科交叉实践，提供综合性实验设备和场地。

团队合作：实训基地需要促进团队合作，提供适合团队协作的空间和资源，培养学生的团队合作精神。

综合实践项目：针对综合性专业，实训基地可以设计一些涵盖多个领域的综合实践项目，以全面培养学生的能力。

2. 需求

跨学科合作机会：为学生提供与其他专业学生跨学科合作的机会，促进不同专业之间的交流与合作。

创新空间：提供创新空间，鼓励学生跨足不同领域，进行创新性实践，培养综合素质。

导师支持：为学生提供来自不同领域的导师支持，使他们在综合性专业领域能够获得更全面的指导。

不同专业领域对实训基地的特点与需求存在差异，但都有一个共同的目标，即为学生提供更为真实、实用的实践机会，培养他们的实际操作能力和职业素养。学校和实训基地在满足这些需求的同时，需要保持与行业的紧密联系，不断调整和优化实训基地的设施和资源，以适应不断变化的社会需求和产业发展趋势。通过科学规划和有效管理，实训基地将成为高等教育中不可或缺的一部分，为学生顺利过渡到职场提供强有力的支持。

二、实训基地建设的多元化模式

实训基地是高等教育中不可或缺的一环，它为学生提供了实际操作和应用所学知识的场所，对培养学生的实际工作能力至关重要。在实训基地建设中，多元化模式的采用能够更好地满足不同专业和行业的需求，为学生提供更为丰富的实践体验。本部分将深入探讨实训基地建设的多元化模式，包括合作办学、产学研结合、在线虚拟实训等多方面的创新实践。

（一）合作办学模式

1.合作机构选择与合作方式

在合作办学模式中，学校可以选择与企业、研究机构、其他教育机构等多种合作伙伴建立合作关系。合作方式可以包括共建实训基地、共同开设实践课程、共享师资等形式。

2.合作优势与挑战

优势：

资源共享：通过与合作伙伴建立合作关系，学校可以充分利用合作伙伴的资源，包括先进设备、实践经验等。

实际项目支持：与企业合作可以为学生提供更多实际项目支持，使他们能够在真实场景中锻炼能力。

挑战：

合作伙伴选择难度：选择适合的合作伙伴需要一定的策略和谨慎的态度，不同领域的企业或机构有着不同的需求和期望。

资源分配问题：合作过程中可能会涉及资源的分配问题，包括资金、人力等，需要合作双方达成一致意见。

（二）产学研结合模式

1.产业合作与技术研发

产学研结合模式强调学校与产业界和科研机构的深度合作。学校与企业共同参与产业项目、技术研发，以解决实际问题为目标，推动产业的发展。

2.研发项目的实施

学校可以与企业共同策划和实施一些研发项目，如新产品研发、工艺改进等。通过这些项目，学生能够参与实际的科研工作，培养研究能力和团队协作精神。

3.产学研结合的优势与挑战

优势：

紧密结合市场需求：产学研结合模式有助于紧密结合市场需求，确保培养出更符合行业要求的人才。

实践经验丰富：学生通过参与产业项目和技术研发，能够积累更丰富的实践经验，提高实际操作水平。

挑战：

项目周期较长：产学研结合的项目往往需要较长的周期，需要学校和企业有足够的耐心和投入。

专业对接难度：产业界和学校在专业对接方面可能存在一定难度，需要建立有效的沟通机制。

（三）在线虚拟实训模式

1. 虚拟实训环境的构建

在线虚拟实训模式通过构建虚拟实训环境，使学生能够在虚拟场景中进行实际操作。这种模式可以通过虚拟现实（VR）技术、在线模拟平台等手段实现。

2. 优势与挑战

优势：

跨地域实践：学生可以随时随地进行在线虚拟实训，克服地域限制，提高实践机会。

降低成本：虚拟实训模式相对传统实训方式，成本较低，无需大规模投资实际设备和场地，减轻了学校和企业的负担。

挑战：

真实感欠缺：在线虚拟实训环境难以完全模拟真实场景，缺乏实际操作中的真实感和冲击感。

技术依赖：虚拟实训模式对先进的技术设备和网络支持有较高的依赖性，需要保证学生具备相应的技术硬件和网络条件。

（四）多元化模式的整合与创新

1. 模式整合

多元化模式并不是相互独立的，学校可以根据不同专业和实训需求，将合作办学、产学研结合、在线虚拟实训等多种模式有机地整合在一起。例如，学生可以在校内合作办学的实训基地中接触到基础理论知识，然后通过产学研结合的项目参与实际研发，最后通过在线虚拟实训平台进行进一步的练习和巩固。

2. 创新实践

在模式整合的基础上，学校还可以通过创新实践不断提升实训质量。例如，引入先进的技术设备，如云计算、人工智能等，为实训提供更强大的技术支持。同时，学校也可以通过与行业协会、科研机构等建立更紧密的合作关系，开展更具前瞻性的实训项目，使学生更好地适应未来行业发展趋势。

3. 学生参与与反馈

多元化模式下，学校应鼓励学生参与实训方案的设计和调整，及时收集他们的反馈意见。这有助于更好地了解学生的实际需求和感受，为实训模式的不断优化提供有效的参考。

实训基地建设的多元化模式为高等教育提供了更为灵活和丰富的实践手段。不同专业和行业有不同的需求，而多元化模式的采用使得学校能够更好地满足这些需求。在未来，随着科技的发展和社会需求的变化，多元化模式将继续发展创新，为学生提供更全面、实用的实训体验，促进其在职业领域的更好发展。

三、校内实训基地与行业合作的机制

校内实训基地与行业合作是高等教育中实践教学的重要环节。通过与行业建立紧密的合作机制，学校能够更好地满足学生的实际培训需求，提升实践能力，促使教学更贴近行业实际。本部分将深入探讨校内实训基地与行业合作的机制，包括合作机构选择、合作模式、资源共享等方面的内容。

（一）合作机构选择

1. 行业匹配与专业对接

选择合作机构时，学校需要根据专业设置和学科特点，选择与之相关的行业合作伙伴。这样可以确保实训内容更贴近学生所学专业，提高实际操作的实用性。

2. 合作机构类型

合作机构的类型多种多样，包括企业、科研机构、社会组织等。学校可以根据实训需求和学科特点，选择与之合作的机构类型。例如，工程类专业可以选择与工程公司合作，艺术设计类专业可以与创意产业公司建立合作关系。

3. 合作机构的声誉和实力

选择合作机构时，学校需要考虑机构的声誉和实力。与具有较高声望和实际经验的机构合作，有助于提高实训的专业性和实效性。可以通过考察机构的历史业绩、专业团队、设备设施等方面进行评估。

（二）合作模式

1. 共建实训基地

共建实训基地是一种常见的合作模式，学校与合作机构共同出资、共同管理实训基地。这种方式可以确保学校在实训资源和设施上得到足够支持，同时也能够充分发挥合作机构的实际经验。

2. 项目合作

通过项目合作，学校与合作机构可以共同策划和实施一些实际项目，涉及学科知识的应用和实践操作。这种方式有助于学生在实际项目中锻炼能力，同时也促使学校和机构的更深层次合作。

3. 师资共享

合作机构通常拥有丰富的行业经验和专业人才，学校可以通过师资共享的方式，邀请行业专家来校内实训基地进行授课，提升学生的实际操作水平。反之，学校的教师也可以到合作机构进行实际操作的培训。

（三）资源共享与互动机制

1. 实训设备与场地共享

实训基地的设备和场地是进行实际操作的关键要素，通过合作机构与学校共享实训设备和场地，可以充分利用各自的资源，提高实训效果。例如，工程类专业可以与建筑公司共享工程实验室，电子专业可以与电子企业合作共享实验设备。

2. 信息共享与沟通机制

建立有效的信息共享和沟通机制是合作的关键。学校和合作机构可以建立在线平台或定期召开会议，及时分享实训计划、项目进展和学生表现等信息。这有助于促进合作的深入开展，保持双方的密切联系。

3. 实践经验交流

合作机构和学校可以通过定期举办工作坊、研讨会等形式，促进实践经验的交流。机构的从业人员既可以分享实际操作中的经验，学校的教师也能分享教学经验，以实现互利共赢。

（四）质量保障与效果评估机制

1. 质量监控机制

建立质量监控机制是合作的基础。学校和合作机构需要共同制定质量标准和评估体系，定期对实训效果进行评估，发现问题及时进行调整和改进。

2. 效果评估

对实训效果进行全面评估是合作机制中不可忽视的一环。学校可以通过学生的实际操作成果、综合素质评价、毕业生就业情况等多方面进行评估。同时，学校也可以邀请合作机构参与评估，听取他们的建议和反馈。

3. 持续改进

建立持续改进机制，对合作机制进行定期的评估和反思，及时总结经验和问题，进行调整和改进。这有助于确保合作机制能够适应社会和行业的变化，不断提升实训质量。

（五）法律合规与合同机制

1. 法律合规

在合作机制建立之前，学校和合作机构需要明确双方的法律责任和权利，确保合作活动的合法性。建立法律合规的合作机制，可以寻求法律专业人员的意见，明确各自的权益，规范合作关系。

2. 合同机制

合同是合作机制的书面体现，对双方的权益和责任都有明确的规定。在合同中可以包括合作的具体内容、时间周期、费用分配、信息保密等方面的条款。签署合同有助于明确双方的责任，防范潜在的合作纠纷。

3. 风险评估与管理

在合作机制的建立过程中，需要对潜在的风险进行充分评估，并制定相应的管理措施。这包括可能出现的资金风险、合作机构的变动风险、项目进度风险等。通过风险管理，可以更好地保障合作的稳定进行。

校内实训基地与行业合作的机制是高等教育中实践教学的有效途径，通过与行业建立紧密的合作关系，学校能够更好地为学生提供实际培训和实践机会。在建立合作机制时，选择合适的合作机构、明确合作模式、实现资源共享与互动、建立质量保障与效果评估机制，以及法律合规与合同机制的制定，都是确保合作机制顺利运作的重要步骤。通过不断改进与创新，学校和合作机构可以实现互利共赢，为学生提供更丰富的实践经验，促使教学与行业实际更为紧密地结合。

第二节　高等院校校内实训基地的建设管理

一、实训设备的更新与维护

随着科技的飞速发展，实训设备的更新与维护成为高等教育中实践教学不可或缺的一环。优质的实训设备不仅是提高学生实际操作能力的关键，同时也直接影响到教学效果和毕业生的竞争力。本部分将深入探讨实训设备的更新与维护，包括更新的必要性、更新策略、维护措施等方面的内容。

（一）实训设备更新的必要性

1.技术迭代与发展

现代技术日新月异，特别是在一些高新技术领域，新技术、新设备不断涌现。为了保持实训的前沿性和实用性，实训设备的更新是必要的。只有采用最新的技术设备，学生才能更好地适应未来职业的发展趋势。

2.适应行业需求

不同行业对技术人才的需求也在不断变化，新兴产业的崛起和传统行业的升级换代，都对学生的实际操作水平提出了更高的要求。实训设备的更新需要与行业需求保持同步，以确保毕业生具备更好的就业竞争力。

3.提高实训质量

新一代的实训设备通常在性能、精度、稳定性等方面有显著提升，能够更好地模拟真实工作场景，提高实训的质量。通过引入最新设备，学校可以提供更丰富、更实用的实践经验，为学生的职业发展打下坚实基础。

（二）实训设备更新的策略

1. 制订科学规划

实训设备的更新需要制订科学的规划，明确更新的周期和目标。规划应该基于行业发展趋势、技术更新速度以及学科特点等因素进行综合考虑，确保设备的更新与教学目标相一致。

2. 引入灵活性设计

考虑到科技的快速发展，实训设备更新时应尽量选择灵活性强、可升级的设计。这样一方面可以延长设备的使用寿命，另一方面也更容易适应未来的技术变革，避免短时间内设备就因为技术滞后而需要再次更新。

3. 优先更新关键设备

在设备更新时，应优先更新对实训质量影响最大的关键设备。这些设备通常与专业核心实践紧密相关，对学生技能的培养有直接关系。通过有选择地更新关键设备，可以更有效地提升实训效果。

4. 与产业界合作

与产业界建立紧密的合作关系是实训设备更新的重要策略之一。通过与行业企业合作，可以获取最新的技术信息、设备资源和专业建议，确保设备更新符合实际需求，更好地服务学科和行业发展。

（三）实训设备维护的重要性

1. 延长设备寿命

实训设备的维护工作是延长设备寿命的重要手段。定期的保养和维修能够减缓设备的老化速度，提高设备的稳定性和可靠性，降低设备的损耗。

2. 保障实训顺利进行

良好的设备维护工作有助于保障实训的顺利进行。设备出现故障或损坏时，如果能够及时进行维修，就可以最大限度地减少实训活动的中断，确保学生能够有充分的实践时间。

3. 提高安全性

设备维护直接关系到实训的安全性。定期检查设备的安全性能，及时消除潜在的安全隐患，可以有效避免因出现设备故障而导致的安全事故。

4.降低运营成本

设备维护的及时性和有效性可以降低设备的运营成本。预防性的维护工作可以减少突发故障的发生，避免设备长时间的停工维修，从而减少因故障导致的额外费用。

（四）实训设备维护的策略

1.制订维护计划

制订维护计划是设备维护的基础。学校应该建立定期的维护计划，明确每台设备的维护周期和内容。根据设备的使用频率和工作环境，科学制订维护计划，确保设备能够保持良好的状态。

2.建立设备档案

建立设备档案是设备维护的重要手段。通过建档记录设备的购置时间、使用频率、维护记录等信息，可以更好地了解设备的使用状况，有针对性地进行维护和更新。

3.培训专业人员

设备维护需要专业的技术人员，学校应该培训一支专业的设备维护团队。这些人员不仅要了解设备的使用原理，还需要熟悉维护流程和操作规程，确保设备的维护工作得到专业保障。

4.引入先进的维护技术

随着科技的不断发展，一些先进的维护技术也应用到实训设备的维护中。例如，远程监控技术、智能诊断系统等可以帮助实时监测设备的运行状态，及时发现问题并进行远程维护，提高维护的效率和及时性。

（五）设备更新与维护的经费保障

1.编制预算

设备更新与维护需要一定的经费支持，学校应该合理编制实训设备更新和维护的预算。预算中要充分考虑设备的购置费用、维护费用、人员培训费用等方面的开支，确保有足够的资金支持设备的正常运行。

2.积极争取资金支持

除了学校的自有经费，还可以积极争取来自政府、企业、社会捐赠等方面的资金支持。设备的更新与维护通常需要较大的资金投入，通过多方筹措资金，有助于提高更新维护的经费保障水平。

3. 建立长效机制

为了保障设备更新与维护的长期需求，学校应该建立长效的经费保障机制。可以通过设立专项基金、建立设备更新储备制度等方式，确保设备的更新与维护经费长期有序、稳定地得到保障。

实训设备的更新与维护是高等教育中实践教学的重要保障。通过科学规划、灵活设计、专业团队的培训以及先进技术的引入，学校可以确保设备一直处于良好状态。同时，经费的保障也是设备更新与维护的关键，学校需要合理编制预算、积极争取资金支持，建立长效机制，以确保设备更新与维护的可持续发展。通过不断努力，可以为学生成就更好的实际操作能力和更高的竞争力打下坚实基础。

二、实训场地的规划与利用

实训场地是高等教育中实践教学的核心载体之一，合理规划和充分利用实训场地对提高学生实际操作能力、满足不同专业的实践需求具有重要意义。本部分将深入探讨实训场地的规划与利用，包括规划设计原则、灵活利用策略、多元化实践活动等方面的内容。

（一）实训场地规划设计原则

1. 专业需求导向

实训场地的规划设计应以专业需求为导向，充分考虑各专业的实践教学要求。不同专业可能需要不同类型的实训场地，规划时需根据各专业的特点和课程设置，量身定制合适的场地。

2. 空间灵活性

实训场地的规划要具备一定的空间灵活性，能够适应不同实践活动的需求。灵活的场地设计可以满足不同专业和不同课程的实践要求，提高场地的利用率。

3. 先进设备支持

规划时要考虑引入先进的实训设备，以提高实训场地的教学水平。先进的设备不仅能够更好地满足教学需求，还能够吸引学生的兴趣，激发其学习动力。

4. 安全可控性

实训场地规划要注重安全可控性，确保学生在实践活动中的安全。合理设置安全设施、规范操作流程、进行实时监控等措施，是保障实训场地安全的重要手段。

5. 未来可持续发展

考虑到教育的长期发展，实训场地规划应具有未来可持续发展的特点。要预留一定的发展空间，留有升级、扩建的可能性，以适应未来教育需求的变化。

（二）实训场地的灵活利用策略

1. 多功能场地设计

为了提高场地的利用率，可以设计多功能的实训场地。例如，可以设置可移动的隔断、折叠桌椅等，使场地可以灵活切换为不同用途的实践空间。

2. 时间段分配

根据不同专业和课程的实践需求，可以合理划分实训场地的使用时间段。通过科学的时间段分配，可以确保各专业都能够有足够的时间使用实训场地，减少冲突和浪费。

3. 跨专业合作

鼓励跨专业的合作是灵活利用实训场地的有效途径。一些实践项目可能涉及多个专业的知识和技能，通过跨专业合作，可以更好地发挥实训场地的综合效益。

4. 虚拟实训与实体实训结合

虚拟实训技术的发展为实训场地的灵活利用提供了新的思路。可以通过虚拟实训与实体实训相结合，既降低了设备投入和维护成本，又能够实现更多实践场景的模拟。

（三）实践活动的多元化

1. 实践课程设计

通过合理的实践课程设计，可以将不同专业的实践活动有机地融合在一起。设计一些通用的实践课程，既可以满足各专业的需求，又能够实现跨学科的实践合作。

2. 实践项目竞赛

组织实践项目竞赛是促进实训场地多元化利用的有效手段。通过竞赛，可以引入更多的实践项目，激发学生的竞争意识和创新能力，推动实践活动的多元发展。

3. 产学研结合

与企业合作，将实践活动与实际工作场景相结合，是实现多元化的重要途径。通过与企业建立产学研合作项目，学生可以参与真实的项目，提高实际操作能力。

4. 社会服务实践

将实践活动与社会服务相结合，可以为学生提供更广阔的实践空间。通过参与社会服务实践，学生不仅能够锻炼专业技能，还能够培养社会责任感和团队协作能力。

实训场地的规划与利用是高等教育中实践教学的关键环节，合理的规划和灵活的利用对提高实训效果至关重要。在规划设计时要考虑专业需求、空间灵活性、先进设备支持、安全可控性和未来可持续发展等原则。在利用策略上要采用多功能场地设计、时间段分配、跨专业合作和虚拟实训与实体实训相结合等手段。多元化的实践活动设计，包括实践课程、实践项目竞赛、产学研结合和社会服务实践等，可以更好地发挥实训场地的综合效益。通过成功案例的分析，我们可以得出一些建议，希望能够为其他高校实训场地的规划与利用提供一定的参考。在实践中不断总结经验，不断优化实训场地的规划与利用策略，将有助于提高学生的实际操作能力，更好地满足社会对高校毕业生的实际能力需求。

三、实训基地管理人才队伍建设

实训基地作为高等教育实践教学的核心组成部分，其管理人才队伍的建设对保障实训教学的高效运转和质量提升具有重要意义。本部分将围绕实训基地管理人才队伍的建设展开讨论，包括建设目标、培训机制、激励机制、团队协作等方面的内容。

（一）建设目标的明确

1. 符合实训基地需求

实训基地的管理人才队伍建设应该符合实训基地的实际需求。根据不同实训基地的规模、专业设置和实践教学方向，明确人才队伍的建设目标，确保与实训活动的具体特点相契合。

2. 专业背景与实践经验

管理人才队伍的建设目标应该包括对队员的专业背景和实践经验的要求。具备相关专业知识的管理人员更容易理解实训基地的教学内容，有丰富的实践经验则能更好地指导学生的实际操作。

3. 提升实训基地教学水平

建设目标中应该包括提升实训基地教学水平的要求。管理人才队伍的建设应当有助于提高实训活动的组织与管理水平，使实训基地更好地发挥其教育功能。

（二）培训机制的建立

1. 初期培训

建立完善的培训机制，首先要考虑的是初期培训。新加入管理队伍的成员，应该接受包括实训基地相关规章制度、教学流程、设备操作等方面的培训，以熟悉实训基地的运作模式。

2. 专业知识培训

管理人才队伍需要不断更新自己的专业知识，因此建立定期的专业知识培训机制非常重要。可以通过邀请专业人士、举办内外部培训课程等方式，确保管理人员具备最新的实践教学知识。

3. 教育管理培训

管理人才队伍的培训不仅要关注专业知识，还需要注重教育管理方面的培训。包括教学组织与管理、学科交叉融合等方面的培训，以提升管理人员的组织协调和团队管理能力。

4. 学科前沿研修

实训基地管理人才队伍应该关注学科前沿的发展动态，建立学科前沿研修机制。使管理人员了解最新的技术发展和行业趋势，为实训活动提供更为科学的指导。

（三）激励机制的构建

1. 绩效考核与奖惩机制

建立科学的绩效考核与奖惩机制是激励管理人才的有效手段。通过对管理人员的工作表现进行定期考核，根据绩效给予相应的奖励或惩罚，激发其工作积极性和责任心。

2. 职业晋升机制

制定职业晋升机制，为管理人才提供明确的晋升通道。通过培训、考核等手段，提高管理人员的综合素质，鼓励其不断进取，实现在职业生涯中的晋升。

3. 专业技术职称评定

为管理人才建立专业技术职称评定机制，通过评定结果给予相应的薪酬、荣誉等激励，鼓励管理人员不断提升专业水平，取得更高的职称。

4. 团队合作奖励

强调团队合作的重要性，建立团队合作奖励机制。通过评选优秀团队，对团队成员给予奖励，促进管理人才之间的协作与共赢。

（四）团队协作与沟通

1. 团队建设培训

团队协作是实训基地管理人才队伍建设中的重要环节。进行团队建设培训，加强成员之间的沟通和协作，形成密切合作的团队氛围。

2. 定期团队例会

定期组织团队例会，是维护团队沟通畅通的有效方式。通过例会，及时了解团队成员的工作情况、存在的问题和需求，促进团队协作的紧密度。

3. 跨部门沟通机制

在实训基地管理中，涉及不同专业、不同部门之间的协作。建立跨部门沟通机制，促使不同部门之间更好地共享信息，加强协作，提高整体管理效率。

4. 问题解决与反馈机制

建立问题解决与反馈机制，鼓励团队成员在工作中发现问题及时反馈，并通过团队协作解决。促使问题迅速得到解决，提高管理效能。

（五）定期评估与调整

1. 绩效评估

定期进行绩效评估，对管理人才队伍的工作进行全面而系统的评估。通过绩效评估的结果，及时发现存在的问题，为进一步优化团队管理提供依据。

2. 培训效果评估

对培训效果进行定期评估，检查培训是否达到预期目标，是否满足实际需要。根据评估结果对培训内容和形式进行调整，确保培训机制的持续改进。

3. 激励机制评估

对激励机制的有效性进行评估，了解激励机制对管理人才队伍的激发积极性和提高工作效率的实际效果。根据评估结果，对激励机制进行调整和优化。

4. 团队协作评估

定期进行团队协作评估，了解团队内部的协作情况。通过评估结果，找出影响团队协作的问题，采取相应措施加以解决，提高团队协作效率。

实训基地管理人才队伍的建设是实现高质量实践教学的关键环节。通过建立清晰的建设目标、完善的培训机制、科学的激励机制以及强化团队协作与沟通，可以不断提升管理人才队伍的综合素质，推动实训基地管理工作的不断创新和提高。建设过程中需定期评估和调整，以适应实践教学的不断变化和发展，不断推动实训基地管理水平的提升。希望通过这些努力，能够为实训基地管理人才队伍的建设提供一些有益的参考和借鉴。

第三节　高等院校校内实训基地的日常运行管理

一、实训课程的组织与安排

实训课程是高等教育中的重要组成部分，通过实践活动，学生能够更好地掌握专业知识和实际操作技能。实训课程的组织与安排对于提高学生的实际能力、促进专业素养的培养具有重要意义。本部分将从实训课程的组织原则、合理安排、资源支持以及评价反馈等方面进行论述。

（一）实训课程的组织原则

1. 教学目标明确

实训课程的组织应当始于明确的教学目标。明确教学目标有助于确定实践活动的内容和形式，确保实训课程能够精准地达到培养学生实际能力的目的。

2. 紧密结合课程体系

实训课程的组织应与整体课程体系紧密结合。实践活动应当有机地融入课程体系，与理论教学形成有机衔接，确保实训课程在整个专业学科体系中的连贯性。

3. 学科交叉与综合实践

鼓励学科交叉与综合实践是实训课程组织的重要原则。通过将不同学科领域的实践活动相互融合，培养学生的跨学科思维和解决问题的能力。

4. 学生参与与主动性

实训课程组织应鼓励学生的参与与主动性。通过设置实际问题、案例分析等方式，激发学生的兴趣，促使其在实践活动中发挥主动性，积极参与。

（二）实训课程的合理安排

1. 课程结构设计

实训课程的结构设计应合理有序。明确每个实训环节的内容、目标和时间安排，确保学生在实践活动中能够有序地完成任务，达到预期效果。

2. 实践活动设置

在实训课程中，合理设置不同形式的实践活动是至关重要的。包括实验、实地考察、项目实训等多种形式，以满足不同学科和专业的实际需求。

3. 时间分配与弹性安排

对实训课程，时间的分配应当合理，考虑到实践活动可能的不确定性，适当设置弹性时间，以应对可能的延误和调整。

4. 学生分组与协作

在实训课程的安排中，鼓励学生分组进行协作。通过小组协作，能够促进学生之间的交流与合作，培养团队协作的能力。

（三）资源支持与保障

1.实训场地和设备

实训课程的组织离不开充足的实训场地和设备支持。保障实训场地的安全和舒适性，确保实验设备的齐全和正常运行，是实训课程组织的重要保障。

2.实训教师队伍

实训教师队伍的力量也是实训课程组织的重要资源。教师应具备丰富的实践经验、较高的专业水平，能够指导学生进行实际操作。

3.学术与产业合作

借助学术与产业的合作，获取更多的实践资源。与企业、研究机构等建立合作关系，为学生提供更丰富、真实的实践场景，丰富实训课程的内容。

4.软件和技术支持

实训课程组织中，软件和技术的支持是不可忽视的一部分。通过提供专业软件、实验工具等技术支持，确保学生能够熟练掌握相关工具。

（四）评价反馈与调整机制

1.学生评价

建立学生评价机制，收集学生对实训课程的评价意见。了解学生对实训课程的认知、满意度以及存在的问题，为后续的优化提供有力的反馈。

2.教师评价

对实训教师进行定期评价，包括教学水平、指导能力等方面。通过教师评价结果，发现教学中存在的问题，并及时进行师资培训和改进。

3.课程效果评估

对实训课程的效果进行定期评估，包括学生的实际操作能力、综合素养等方面。通过效果评估，了解实训课程的长期效果，为课程的持续改进提供参考。

4.及时调整与改进

基于学生和教师的评价，及时调整和改进实训课程。根据评价结果，对课程结构、实践活动设置等方面进行调整，以适应学科发展和学生需求的变化。

实训课程的组织与安排直接影响学生的实际能力培养和专业素养的提

升。通过明确教学目标、合理安排课程结构、提供充足的资源支持以及建立有效的评价反馈机制，可以确保实训课程的高效进行，最大程度地发挥实践教学的教育价值。

二、学生实训活动的监管与指导

学生实训活动是高等教育中的重要组成部分，通过实际操作与实践任务，学生能够更好地掌握专业知识、培养实际操作技能。然而，为了确保实训活动的顺利进行以及学生在实践中的安全与规范，必须建立科学有效的监管与指导体系。本部分将从监管原则、指导机制、安全保障、教师角色等方面，探讨学生实训活动的监管与指导。

（一）监管原则

1. 安全第一原则

安全是学生实训活动监管的首要原则。确保实训场地的安全，规范操作流程，提供必要的防护设备，是保障学生安全的基本要求。

2. 规范管理原则

建立规范的管理制度，包括学生实训活动的组织、计划、实施等各个环节。明确实训活动的流程，规范学生的行为，提高实训活动的有序性。

3. 教学质量原则

监管学生实训活动应注重教学质量。通过监测学生在实践中的表现，及时发现问题并加以解决，确保实训活动达到预期的教学效果。

4. 灵活适应原则

实训活动的监管需要具有一定的灵活性，根据学科特点、实际情况等因素，适应不同实训活动的特殊需求，灵活调整监管措施。

（二）指导机制

1. 教学计划制定

在学生实训活动开始前，制订详细的教学计划。明确实训内容、目标、时间安排等，为监管提供明确的依据。

2. 实训教师指导

实训教师在学生实训活动中发挥着重要作用。教师应当具备丰富的实践经验和较高的专业水平，能够对学生进行全程指导，确保实训活动的顺利进行。

3. 实践案例引导

通过实践案例引导学生，让他们在实际操作中学到更多。实践案例能够激发学生的兴趣，提高学习的实效性。

4. 个性化辅导

对学科知识的理解程度不同的学生，进行个性化的辅导是必要的。实训教师应当关注学生的学习状况，进行有针对性的辅导，提高学生的实际操作水平。

（三）安全保障

1. 设备检查与维护

确保实训设备的正常运行是保障学生安全的重要环节。在实训活动开始前，进行设备检查，确保设备完好无损，并定期进行维护，及时处理设备故障。

2. 安全规范与培训

建立明确的安全规范，并对学生进行相应的安全培训。教育学生注意实训过程中的安全事项，使用防护装备，遵循规范操作流程，确保实训活动的安全性。

3. 紧急预案与演练

制定紧急预案，包括火灾、意外伤害等突发事件的应急处理方案。定期组织相关人员进行演练，提高应对紧急情况的能力。

4. 安全监控与报告

建立实训活动的安全监控机制，通过监控设备对实训现场进行实时监测。学生在实训过程中发生的安全事件，应及时报告给相关负责人，进行妥善处理。

（四）教师角色

1. 导师

实训教师在学生实训活动中扮演导师的角色。教师应当关注学生的学科发展和个人成长，指导学生进行实际操作，分享实践经验。

2. 督导者

实训教师是学生实训活动的督导者，负责监督学生的实际操作，确保学生在实践中遵循规范流程，提供必要的指导和建议。

3. 沟通者

教师在实训活动中充当沟通者的角色，促进学生之间的交流与合作。通过及时沟通，了解学生的学习需求和困难，帮助解决问题，提高学生的学习效果。

4. 管理者

实训教师作为实训活动的管理者，需要对整个实训过程进行组织与协调。包括教学计划的制订、资源的分配、学生分组的管理等，确保实训活动的顺利进行。

（五）评价与反馈机制

1. 学生评价

建立学生评价机制，鼓励学生对实训活动进行反馈。通过问卷调查、小组讨论等方式，了解学生对实训活动的认知、满意度和建议，为后续的优化提供参考。

2. 教师评价

实训活动结束后，进行教师评价。包括学生对教师指导的满意度、教学内容的实用性等方面的评价，帮助教师改进指导方式，提高教学水平。

3. 教学效果评估

定期对实训活动的教学效果进行评估，包括学生在实践中掌握的知识、技能的提升程度。通过评估结果，发现问题并及时调整教学计划，提高实训活动的质量。

学生实训活动的监管与指导是确保实践教学有效进行的重要环节。通过明确监管原则、建立指导机制、强化安全保障、明确教师角色以及建立评价与反馈机制，可以有效提高学生实训活动的质量和效果，为学生提供更好的实践学习体验。

三、实训成果评估与实用性检验

学生实训是高等教育中的一项重要教学活动，其最终目标是培养学生的实际操作能力和解决问题的能力。为了确保学生实训的有效性和实用性，需要建立科学合理的实训成果评估与实用性检验机制。本部分将从评估原则、检验方法、实用性标准等方面进行探讨。

（一）实训成果评估原则

1. 目标导向原则

实训成果评估应当以实训设定的目标为导向。明确实训活动的培养目标和学习要求，评估学生在实训中是否达到了预期的学习效果。

2. 全面性原则

评估不仅仅要关注学生的知识水平，还要关注其实际操作能力、创新能力、团队协作能力等方面。实训成果评估应该具有全面性，全面考察学生在实践中的表现。

3. 动态性原则

实训成果评估是一个动态过程，应当随着实训活动的进行不断调整和优化。及时获取学生在实训中的表现数据，以便在实训过程中及时调整教学策略。

4. 反馈机制原则

建立实训成果的反馈机制，及时向学生反馈其在实训中的表现，帮助其发现问题、改进方法。同时也为教师提供了改进教学的参考意见。

（二）实训成果评估方法

1. 实训报告评估

要求学生在实训结束后提交实训报告，报告应包括实训目的、操作步骤、结果分析、问题解决等内容。通过对报告的评估，了解学生在实训中的理解和应用能力。

2. 实际操作评估

对学生的实际操作进行评估，包括操作的规范性、技能熟练度等方面。可以通过实际演示、操作考核等方式进行评估。

3. 团队协作评估

在需要团队协作的实训项目中，评估学生在团队中的协作能力。考察学生是否能够有效地与团队成员沟通、协调工作，达到共同目标。

4. 创新能力评估

对学生的创新能力进行评估，看是否能够在实训中提出新的观点、解决问题的新思路。通过学生的创新表现，评价实训成果的独特性和深度。

（三）实用性检验方法

1. 仿真场景检验

在实训活动中设置仿真场景，检验学生在实际场景中的应变能力。通过模拟真实工作环境，检验学生的实用性能力。

2. 实际项目应用检验

将学生培养的实际能力应用到实际项目中，检验其在真实项目中的表现。通过实际项目的应用检验，更全面地了解学生的实用性水平。

3. 职业技能认证检验

引入职业技能认证，通过相关的专业技能认证考试，验证学生在实际操作中的技能水平。职业技能认证是对学生实用性水平的外部检验。

4. 企业实践检验

将学生送往企业进行实践，由企业对学生的实际能力进行检验。企业实践检验是对学生实用性水平的实地检测，更贴近实际职业要求。

（四）实用性标准建立

1. 行业标准

依据相关行业标准建立实用性评估标准，明确学生应具备的实际操作能力和实用性技能。行业标准是实际操作的依据，确保学生的实用性水平符合行业要求。

2. 职业素养标准

制定职业素养标准，包括专业素养、团队协作、沟通能力等方面。通过对职业素养的评估，全面了解学生的实际能力和职业操守。

3. 专业知识应用标准

建立专业知识应用标准，要求学生能够将所学的专业知识灵活运用于实际操作中。通过专业知识应用标准的检验，评价学生的实用性水平。

4.创新能力标准

设定创新能力标准，要求学生在实际操作中能够提出创新观点、解决实际问题。创新能力标准是对学生在实训中创新能力的衡量。

（五）实训成果评估与实用性检验的整合

实训成果评估与实用性检验需要相互整合，形成一个完整的评价体系。在实训设计阶段就要明确评估和检验的整合方案，确保评价过程既包括对学生在实际操作中的表现评估，又包括对实用性水平的检验。

1.整合评价标准

将实训成果评估和实用性检验的标准进行整合，确保评价标准的一致性。整合后的标准应综合考虑学生在实训中的理论知识掌握、实际操作能力、团队协作、创新能力等方面的表现。

2.综合评价方法

采用综合评价方法，通过权重分配的方式，综合考虑各个方面的评价指标。可以采用加权平均、综合得分等方式，确保各项评价指标在评价过程中得到合理的反映。

3.实训过程监管

建立实训过程监管机制，通过实时监测学生在实训过程中的表现，教师及时发现问题并进行调整。监管机制有助于教师在实训过程中及时发现学生的实用性问题，提高实训的效果。

4.反馈机制建立

建立实训成果评估与实用性检验的反馈机制，及时向学生和教师反馈评价结果。通过反馈，帮助学生认识到自身的不足，激发其改进的动力，同时也为教师提供改进教学的参考依据。

（六）实训成果评估与实用性检验的实施过程

1.设定明确的评估指标

在实训设计阶段，明确实训成果评估与实用性检验的具体指标。这些指标应当涵盖学生在实际操作、团队协作、创新能力等方面的表现。

2. 制订详细的评估方案

制订详细的评估方案，包括评估方法、评价标准、权重分配等。方案应当清晰明了，确保评估过程的科学性和公正性。

3. 实施评估与检验

在实训过程中，按照预定的评估方案进行实训成果评估与实用性检验。教师可以通过观察、考核、访谈等方式获取学生的实际操作数据，同时可引入外部评审，提高评估的客观性。

4. 反馈与改进

根据评估与检验结果，及时向学生和教师反馈，帮助学生认识到自身的不足，为教师提供改进教学的依据。反馈过程应当注重积极引导，激发学生改进的动力。

（七）实训成果评估与实用性检验的挑战及对策

1. 主观性评价的挑战

在实训成果评估中，主观性评价难以避免。为降低主观性，可以通过引入多角度评价、多人评审的方式，提高评估的客观性。

2. 量化指标的制定难题

一些实用性指标难以量化，如团队协作、创新能力等。在制订评估方案时，可以结合定性和定量的方法，充分考虑实用性水平的多样性。

3. 评估过程的复杂性

实训成果评估与实用性检验的过程相对复杂，需要综合考虑多个因素。建议在实施评估时，采用逐步进行、分阶段评估的方式，减轻评估过程的复杂性。

4. 反馈的及时性难以保证

有时反馈可能存在延迟，影响学生及时改进。为保证反馈的及时性，可以借助现代科技手段，采用在线反馈系统、实时监测工具等，提高反馈效率。

实训成果评估与实用性检验是学生实际操作能力培养的重要环节。通过明确评估原则、采用多种评估方法、整合实用性检验和成果评估，教师可以更全面地了解学生在实训中的实际水平。同时，应对挑战与对策的思考有助于建立更科学有效的评估体系，提高学生的实用性水平。

第七章　高等教育长效运行机制建设

第一节　高等教育校企"双师"双向交流与服务机制

一、校企合作模式的创新与发展

校企合作是高校与企业之间建立紧密关系，共同开展教育培训、科研创新等活动的一种合作模式。随着社会经济的发展和高等教育的变革，校企合作模式也在不断创新与发展。本部分将探讨校企合作模式的创新方向、发展趋势以及推动因素，旨在为构建更加有活力的校企合作关系提供参考。

（一）校企合作模式的创新方向

1.产学研结合

创新是校企合作的核心，将产业界的需求与高校的研究力量结合起来，形成产学研结合的模式。通过深度融合，实现科研成果的转化和产业创新的推动。

2.人才培养定制化

根据企业需求定制人才培养方案，实现校企合作中人才培养的个性化和定制化。培养出更符合产业实际需要的专业人才，提高毕业生的就业竞争力。

3.创业孵化与技术转移

通过建立创业孵化基地，支持学校科研成果的转化为创业项目。同时，推动技术转移，将学校的科技成果应用于企业生产实践中，促进双方共同发展。

4.跨学科合作

打破学科壁垒，推动不同学科间的合作。通过跨学科的合作，实现知识的交叉融合，培养具备跨学科综合能力的人才，更好地满足复杂产业的需求。

（二）校企合作模式的发展趋势

1.多层次合作网络

未来校企合作将形成多层次的合作网络，包括高校、企业、科研机构等多方参与。形成全方位、多层次的校企合作生态系统，促进更广泛、深入的合作。

2.云端合作与数字化转型

随着信息技术的发展，校企合作将更多地借助云端合作平台进行合作。数字化转型将使合作更加灵活高效，实现在线教育、远程实训等新模式的发展。

3.国际化合作

加强与国际企业和高校的合作，拓展校企合作的国际视野。通过国际化合作，引入更多国际化的教育资源和产业合作机会，提升合作的全球竞争力。

4.社会责任共担

未来校企合作将更注重社会责任共担，积极参与社会公益事业。企业除了从合作中获得直接利益，还将承担更多社会责任，与高校共同推动社会进步。

（三）推动校企合作的因素

1.产业升级需求

随着产业升级和科技创新的推进，企业对高层次人才的需求更为迫切。校企合作能够有效满足企业对人才的多层次、多领域的需求，推动产业升级。

2.高校资源优势

高校具有丰富的教育资源和科研力量，能够为企业提供创新思维、科研支持以及人才培养等方面的支持。这使得企业更愿意与高校建立深度合作关系。

3.创新政策支持

政府应出台创新政策，为校企合作提供政策支持。例如，建立创新基地、提供科研经费支持等，激励高校和企业更积极地参与合作。

4.人才培养需求

企业对具备实际操作能力、实践经验的专业人才的需求日益增加。通过校企合作，企业能够参与人才培养的过程，确保培养出更符合企业需求的人才。

（四）面临的挑战与应对策略

1.文化差异

企业和高校之间存在文化差异，理念和目标不一致可能导致合作困难。建立共同的价值观，加强沟通，提升合作的文化融合度。

2.利益分配

在合作中，企业和高校在利益分配上可能存在矛盾。建立公平、合理的利益分配机制，明确合作双方的权责，避免利益分歧影响合作关系。

3.技术不匹配

企业和高校的技术水平、研发能力可能存在不匹配的情况。建立技术交流平台，促进双方技术水平的对齐，提高合作的技术有效性。

4.人才培养周期较长

高校的人才培养周期相对较长，与企业的短时需求存在矛盾。通过建立实习、实训基地，加强双方沟通，缩短人才培养周期，满足企业用人需求。

校企合作是推动产学研结合、促进产业发展的重要途径。通过创新合作模式、顺应发展趋势、积极因素的推动，可以构建更加紧密、有活力的校企合作关系。在面对挑战时，通过加强文化融合、优化利益分配、促进技术对齐以及缩短人才培养周期等策略，可以有效解决合作中的问题，实现双方的共赢发展。未来，随着社会、经济的不断发展，校企合作将继续发挥重要作用，成为培养优秀人才、促进产业创新的重要动力。

二、"双师"制度在高等教育中的运用

"双师"制度是指在教育过程中，既有来自学校内部的专业教师，又有来自企业或行业的实际从业人员，共同参与教学工作，实现理论知识与实践技能的有机结合。在高等教育中，由于教师职业导向性，更加强调培养学生实际应用能力，因此"双师"制度的运用显得尤为重要。本部分将探讨"双师"

制度在高等教育中的运用，包括其背景、实施方式、优势与挑战以及未来发展方向。

（一）"双师"制度的背景

1.高等教育的特点

高等教育的特点是注重职业技能培养、强调实际操作能力，更加聚焦学生的职业发展。与综合性大学相比，高等教育更强调学以致用，更加贴近产业需求。

2.实际操作需求

现实职业领域对人才的需求日益增长，企业更加看重应届毕业生的实际操作经验。传统的教育模式难以满足这种需求，需要引入更多实际从业经验的"双师"来参与教学。

3.产学合作的加强

产学合作是高等教育中的重要组成部分，而"双师"制度正是产学合作的一种具体体现。通过引入企业实际从业人员，能够更好地将学校教学与行业实际需求结合起来。

（二）"双师"制度的实施方式

1.企业导师与学校教师合作

"双师"制度的核心是企业导师和学校教师的合作。企业导师通常是具有丰富实际从业经验的专业人员，他们与学校教师共同负责教学内容的设计、实施和评价。

2.实践工作坊与实训基地建设

为了更好地将理论知识与实践技能相结合，学校可以建设实践工作坊和实训基地。这些场所提供学生实际操作的机会，由企业导师和学校教师共同指导学生进行实践活动。

3.项目合作与产学研结合

通过与企业进行项目合作，学校可以邀请企业导师参与项目的设计和实施过程。这种方式能够更深入地将产业需求融入教学内容，实现产学研的有机结合。

4.职业导向的课程设置

学校可以调整课程设置，增加职业导向的课程，使得企业导师更容易参与到教学过程中。这些课程更注重实际应用，更符合企业的用人需求。

（三）"双师"制度的优势与挑战

1.优势

（1）实际操作经验丰富

企业导师通常具有丰富的实际操作经验，能够为学生提供更加实际、实用的知识和技能，使他们更好地适应职业发展。

（2）就业竞争力提升

学生在"双师"制度下接受的教育更加符合市场需求，具备更强的就业竞争力。企业导师的参与能够帮助学生更好地理解行业现状和用人需求。

（3）职业规划更明确

通过与企业导师的互动，学生能够更清晰地了解所学专业的职业发展方向，帮助他们更早地做出职业规划。

2.挑战

（1）教育资源整合难度大

学校和企业之间的合作需要进行教育资源的整合，这包括教学设备、实践场地等方面的整合，存在一定的困难。

（2）企业导师时间有限

企业导师通常是在职人员，他们的时间相对有限。如何合理利用企业导师的时间，确保教学的深入进行是一个难题。

（3）评价体系建设难度大

由于"双师"制度需要综合考评学生的理论知识和实际操作能力，建立科学、公正的评价体系是一个较为复杂的任务。

（四）"双师"制度的未来发展方向

1.加强企业导师培训

为了更好地发挥企业导师在"双师"制度中的作用，有必要加强对企业导师的培训，使其更了解教育理念、课程设置和学科要求，提高其在教学中的专业水平和教学能力。

2. 拓展产学合作深度

未来，"双师"制度可以更深度地融入产学合作。通过与企业建立更紧密的合作关系，实现更多实际项目的合作，推动教育和产业的深度融合。

3. 建立更科学的评价机制

为"双师"制度建立更科学、客观、公正的评价机制是发展的关键。不仅要综合考虑学生的理论知识水平，还要充分考虑其实际操作技能，以更全面的方式评价学生的综合素质。

4. 推动课程体系创新

在课程设置上，需要更灵活地创新课程体系，更好地适应产业发展的变化。不断调整课程内容，使之符合当前和未来的行业需求。

5. 提高学生综合素质

"双师"制度旨在培养具备实际操作能力的高素质人才，因此在未来的发展中，需要更加注重学生的综合素质培养。不仅要注重专业知识，还要培养学生的团队协作能力、创新能力等。

"双师"制度作为一种创新的教育模式，在高等教育中具有重要的价值。通过学校教师和企业导师的共同努力，能够更好地满足学生的实际需求，提高他们的综合素质和就业竞争力。未来，"双师"制度仍然需要在课程体系创新、评价机制建设等方面不断完善，以更好地适应社会的发展变化，为培养更多优秀的职业人才提供有力支持。

三、产业服务与高等院校校企合作的深化

校企合作是高等教育中一种重要的合作模式，旨在更好地适应产业发展需求，提高学生的实际应用能力。产业服务作为校企合作的一种形式，强调以服务产业为导向，通过学校资源为企业提供专业支持，实现互利共赢。本部分将探讨产业服务在高等院校校企合作中的深化，包括其实施方式、优势与面临的挑战，以及未来发展的方向。

（一）产业服务在高等院校校企合作中的实施方式

1. 产业研究与咨询服务

学校可以通过设立专业的产业研究团队，为企业提供产业发展趋势、市

场分析等方面的研究与咨询服务。通过深入了解产业现状，为企业提供科学决策支持。

2. 人才培养与定制化服务

通过与企业合作，学校可以定制相关专业的人才培养计划，根据企业需求调整课程设置，确保毕业生更符合企业用人要求。这种方式可以更好地满足企业的用人需求，提高毕业生就业竞争力。

3. 创新项目与技术服务

学校与企业可以合作开展创新项目，共同研发新技术、新产品。学校的专业教师与企业的技术人员共同参与项目，实现技术创新与知识传播。同时，学校还可以为企业提供技术培训和咨询服务，帮助企业提升技术水平。

4. 实习实训基地的建设与管理

学校可以与企业合作建设实习实训基地，为学生提供更为实际的实践机会。在这些基地中，企业可以提供导师，学生可以在真实的工作环境中学到更多的实际经验。

（二）产业服务在高等院校校企合作中的优势与挑战

1. 优势

（1）实际需求对接

通过产业服务，学校可以更好地了解产业实际需求，调整课程设置和培养方案，使之更符合市场的用人需求。

（2）学生实际能力提升

产业服务能够为学生提供更多实际项目的参与机会，帮助他们更早地接触真实工作场景，提高实际应用能力。

（3）促进科研创新

通过与企业合作开展产业服务，学校的科研团队能够更深入地了解产业状况，推动科研成果的转化与应用，促进产学研结合。

2. 挑战

（1）服务水平和质量难以保障

产业服务需要高水平的教师和专业人才参与，而一些学校可能面临师资力量不足的问题，难以保障服务的水平和质量。

（2）利益分配问题

在产业服务中，涉及利益分配问题。如何公平合理地分配服务带来的收益，既满足学校的发展需要，又能够保障企业的利益，是一个具有挑战性的问题。

（3）项目管理难度大

在实施产业服务的项目中，需要有效的项目管理。由于学校和企业具有不同的管理体制和运作机制，项目管理难度相对较大。

（三）未来产业服务与高等院校校企合作的发展方向

1. 加强师资队伍建设

学校需要加强师资队伍的建设，引进更多具有实际产业经验的专业人才。通过建设高水平的师资队伍，提高产业服务的水平和质量。

2. 拓展合作领域

未来，产业服务不仅可以在人才培养方面进行合作，还可以拓展至科研创新、项目研发等多个领域。学校与企业可以共同探索新的合作模式，实现更全面的合作。

3. 建立长期稳定的合作机制

为了更好地推动校企合作，学校和企业需要建立长期稳定的合作机制。通过签订合作协议、建立联合研究中心等方式，形成长期互利共赢的合作关系。

4. 引入社会资本

为了解决资金问题，学校可以引入社会资本，建立产业服务的资金支持体系。这可以通过与企业合作共建实习实训基地、科研中心等方式实现。

产业服务是高等院校校企合作中的一种重要形式，有助于更好地服务产业发展，提高学生的实际应用能力。在深化产业服务与高等院校校企合作的过程中，需要充分认识其优势与挑战，通过加强师资队伍建设、拓展合作领域、建立长期稳定的合作机制以及引入社会资本等措施，不断提升产业服务的水平，促进校企合作迈向更高水平的发展。

产业服务与高等院校校企合作的深化，不仅有助于提高学校的社会影响力和竞争力，也能够为企业提供更多专业支持，促进产业的升级与创新。在未来的发展中，各方应共同努力，建立更加紧密的合作关系，推动高等教育与产业发展的良性互动，培养更符合市场需求的高素质人才。通过不断深化产业服务，高等院校校企合作将在推动产业发展、服务社会和提升教育质量等方面发挥更为重要的作用。

第二节　高等教育校企合作就业与激励机制

一、毕业生就业率评估与提升

毕业生就业率是衡量高校教育质量的一个重要指标，也是社会对高校培养质量的一项重要评价标准。提高毕业生就业率不仅关系到学校的声誉，还直接影响到学生的职业发展和社会的用人需求。本部分将围绕毕业生就业率进行评估与提升的主题，探讨相关问题，并提出一些建议。

（一）毕业生就业率的评估

1. 评估指标体系

毕业生就业率的评估需要建立科学合理的指标体系，包括但不限于以下几个方面：

总体就业率：衡量所有毕业生的就业情况，反映学校整体的就业水平。

专业就业率：对不同专业的毕业生就业情况进行评估，有助于了解各专业的就业市场需求。

高薪就业率：衡量薪资水平较高的就业情况，反映学生就业质量。

2. 数据来源与调查方法

为了获得准确的毕业生就业率数据，可以采用以下途径：

学校调查：学校可以建立健全的毕业生跟踪体系，通过调查毕业生的就业情况，获取相关数据。

用人单位反馈：学校可以与用人单位建立合作关系，获取毕业生在职场的表现和用人单位的反馈。

社会调查：可以委托第三方机构进行毕业生就业状况的社会调查，获得更客观的数据。

3.影响毕业生就业率的因素

了解影响毕业生就业率的因素有助于有针对性地进行评估。主要因素包括：

专业设置：不同专业的就业前景存在差异，一些专业可能更受市场青睐。

实习与实践经验：拥有实际经验的毕业生更受欢迎，实习经验可以提升就业竞争力。

综合素质：除了专业知识，综合素质如沟通能力、团队协作能力也是用人单位关注的重要方面。

（二）毕业生就业率的提升

1.优化教育教学质量

高校应当注重提高教育教学质量，确保学生具备扎实的专业知识和实际操作能力。可以通过更新课程体系、引进实践性项目、提升教师水平等方式实现。

2.拓宽就业渠道

学校可以与用人单位建立更加紧密的合作关系，通过开展校企合作、双向选择实习基地等方式，拓宽毕业生的就业渠道。鼓励学生参与各类招聘会，与企业建立更多的联系。

3.强化职业规划教育

为学生提供职业规划教育，帮助他们更清晰地了解自己的兴趣和发展方向，提前做好职业规划。学校可以设置职业规划课程，引导学生规划自己的职业发展路径。

4.加强实习实践环节

通过加强实习实践环节，提升学生的实际操作能力，增加他们在职场中的竞争力。与企业合作，建立实践基地，为学生提供更多实践机会。

5.提供就业指导服务

学校应该建立完善的就业指导服务体系，包括职业咨询、简历指导、模拟面试等服务，帮助学生更好地应对求职过程。提供就业技能培训，使学生具备良好的沟通技巧、面试技能等，提高他们在招聘过程中的竞争力。

6.加强与用人单位的沟通

学校应该与用人单位保持密切的沟通，了解市场对人才的需求和反馈。

通过定期的座谈会、企业讲座等形式，促进学校与用人单位的交流，更好地适应市场变化。

7.鼓励创业与自主就业

除了传统的就业模式，学校还应该鼓励学生创业和自主就业。提供创业培训、创业基金支持等服务，为有创业意愿的学生提供更多支持。

8.建立校友网络

通过建立校友网络，学校可以促进校友之间的交流与合作。校友资源丰富，可以为毕业生提供更多的就业机会和职业发展建议。

毕业生就业率评估与提升是一项复杂而长期的任务，需要学校、企业和社会多方共同努力。通过优化教育教学质量、拓宽就业渠道、强化职业规划教育等手段，可以提高毕业生的就业竞争力，促进其顺利进入职场。只有不断优化毕业生培养计划，紧密关注市场需求，才能更好地满足社会对人才的需求，实现高质量毕业生的培养和就业。

二、校企合作的激励政策与措施

校企合作作为高校发展的一项重要战略，对促进产学研深度融合、提升学科实力、拓宽学生就业渠道具有重要意义。在校企合作中，激励政策与措施起到至关重要的作用，可以有效推动双方深度合作。本部分将探讨校企合作的激励政策与措施，以促进校企合作的深化与优化。

（一）激励政策体系的构建

1.资金支持政策

建立资金支持政策，对校企合作项目提供一定比例的经费支持。资金可以用于科研项目、实践基地建设、实训设备更新等方面，以促进更多的校企合作项目的顺利进行。

2.税收优惠政策

为参与校企合作的企业提供税收优惠政策，鼓励企业加大对高校的支持。例如，对企业资助的科研项目、实习实训基地建设等给予税收优惠。

3.人才引进与培养政策

为从事校企合作的教师、企业员工等提供相关人才引进与培养政策。这包括提供专业培训、职称晋升、岗位设置等方面的支持，以激励人才更好地投身于校企合作。

4. 项目成果转化政策

建立项目成果转化的激励机制，对取得显著成果并成功转化为实际生产力的项目给予奖励。这可以包括专利权的分享、技术成果的转让收益等。

5. 学生奖学金与实习津贴政策

为参与校企合作的学生设立奖学金与实习津贴，激励他们更加积极地参与实践项目。这可以在一定程度上缓解学生的经济压力，提高他们的参与积极性。

（二）激励政策的具体实施措施

1. 制订明确的合作目标与计划

在校企合作初期，双方应共同制订明确的合作目标与计划，包括项目周期、预期成果、分工合作等方面。这有助于确保激励政策的有效实施。

2. 设立绩效评估体系

建立校企合作项目的绩效评估体系，通过对项目进展、成果达成、学生参与等方面进行定期评估，根据评估结果调整激励政策，确保激励政策与实际表现相匹配。

3. 提供项目管理支持

为校企合作项目提供专业的项目管理支持，包括项目经理的任命、项目管理培训等。通过提升项目管理水平，确保合作项目的高效推进，从而提高激励政策的实施效果。

4. 开展交流与分享活动

定期组织校企合作的经验交流与分享活动，鼓励双方分享成功经验、遇到的问题及解决方案。通过交流与分享，促进校企双方相互学习，进一步增强合作的积极性。

5. 激励政策的透明度与公平性

确保激励政策的透明度和公平性，让参与校企合作的各方明确了解激励政策的具体内容和实施细则。公正的激励政策有助于维护双方的利益平衡，促进长期合作关系的建立。

校企合作的激励政策与措施对双方的积极参与和合作成果的实现至关重

要。通过建立完善的激励政策体系，既能够有效推动校企深度合作，也能够保障各方合作的可持续性。

三、企业员工培训与学校资源共享

在现代知识经济时代，企业员工的持续学习与发展对企业和员工个人都至关重要。为了提高员工的综合素质、适应市场的变化，越来越多的企业开始与高校建立合作关系，实现企业员工培训与学校资源共享。本部分将探讨企业员工培训的重要性，以及如何通过与高校的合作实现资源的有效共享。

（一）企业员工培训的重要性

1. 适应快速变化的市场需求

随着科技和产业的快速发展，市场需求不断变化。企业员工需要不断更新知识和技能，以适应市场的变化，保持竞争力。

2. 提高员工综合素质

员工的专业素养和综合素质直接影响到企业的创新能力和竞争力。通过培训，可以提升员工的综合素质，更好地胜任各类工作。

3. 增强员工的职业发展感

提供培训机会可以激发员工的职业发展感，增加他们对企业的归属感和忠诚度，有助于企业留住人才。

4. 促进组织学习与创新

企业员工的培训不仅仅是个体素质的提升，还是组织学习与创新的推动力。员工通过学习，可以带回更多的创新思维和方法，推动企业不断进步。

（二）企业员工培训与学校资源共享的方式

1. 开设专业培训课程

学校可以根据企业的需求，开设专业培训课程。这些课程可以涵盖行业前沿知识、新技术应用、管理技能等方面，帮助企业员工提升专业水平。

2. 提供在线学习平台

学校可以为企业建立在线学习平台，为员工提供随时随地的学习资源。通过在线平台，员工可以灵活安排学习时间，更好地与工作相结合。

3. 提供导师制度

学校可以为企业建立导师制度，由学校教师或相关专业人士担任导师，为企业员工提供一对一的指导和培训，帮助他们解决实际工作中的问题。

4. 实施行业实习计划

学校可以与企业合作，共同实施行业实习计划。通过实习，员工能够在实际工作环境中学到更多的知识和技能，提高应对实际问题的能力。

5. 提供实验室和设施使用权

学校的实验室和设施通常具备较高水平的科研和实验条件，可以为企业员工提供使用权，使他们能够在高水平的环境中学习和实践。

（三）实施共享的关键问题

1. 知识产权与保密

在资源共享过程中，需要关注知识产权和保密问题。学校和企业应建立明确的合作协议，明确知识产权归属和保密责任，保障双方的合法权益。

2. 教学团队的专业性

学校的教学团队需要具备较高的专业性，能够根据企业的需求设计和提供符合实际的培训内容。同时，企业也需要为学校提供相关的实际案例和行业动态，以确保培训的实效性。

3. 沟通与协调机制

建立良好的沟通与协调机制是共享资源的关键。学校和企业应建立定期的沟通渠道，及时解决合作中的问题，保持合作的顺利进行。

4. 培训效果评估与调整

在共享资源的过程中，需要建立培训效果评估体系，通过定期评估培训效果，及时调整培训计划和内容，确保培训的实际效果。

（四）共享资源的优势与挑战

1. 优势

专业性提升：通过学校资源，员工可以接触到更专业、前沿的知识和技术，提升自身专业水平。

成本效益：与学校合作相比，企业可以更经济地获取高质量的培训资源，减少培训成本。

培训灵活性：学校资源的共享使得培训更具灵活性，可以根据企业的实际情况和员工的需求进行个性化培训。

2. 挑战

知识匹配度：学校的教学内容可能不完全符合企业实际需求，存在知识匹配度不足的问题。企业需要与学校充分沟通，确保培训内容能够满足员工的实际工作需求。

时间协调难题：员工的工作时间通常较为繁忙，与学校培训时间的协调可能成为一个难题。需要在双方协商中找到适合的培训时间，以确保员工能够有效参与培训。

培训效果难以量化：培训效果的量化评估相对复杂，难以准确地衡量员工在学校培训后的综合提升。建立科学的评估体系，确保培训效果的可衡量性是一个需要克服的困难。

（五）未来发展方向与建议

1. 深化校企合作

为了更好地满足企业的实际需求，学校应当深化与企业的合作。通过与企业的深度合作，学校能更好地了解企业的具体情况，有针对性地提供培训资源。

2. 推动在线学习的发展

随着数字化技术的发展，在线学习平台将成为重要的培训手段。学校可以进一步推动在线学习的发展，提供更便捷、灵活的学习方式，以适应企业员工的学习需求。

3. 强化导师制度建设

建立健全的导师制度，将学校的专业教师与企业员工紧密结合，为员工提供更个性化、深度的指导与培训，以提高培训的实效性。

4. 加强评估与反馈机制

建立全面的培训效果评估与反馈机制，及时了解培训的成效，并根据评估结果进行调整和优化培训计划，确保培训资源的最大化利用。

5. 拓展产学研一体化合作

除了培训，学校还可以与企业展开更广泛的产学研一体化合作。通过合作开展科研项目、共建实验室等方式，实现产学研深度融合，为企业员工提供更多实践机会。

企业员工培训与学校资源共享是一种有力的合作模式，有助于提升企业员工的素质与竞争力。在合作中，双方需要充分沟通，解决知识匹配度、时间协调等问题，通过深化合作、推动在线学习等手段，不断完善合作模式，以更好地满足企业和员工的需求。在未来，随着数字化技术的不断发展，企业与学校的合作将更加深入，为员工提供更全面、灵活的学习体验，推动企业与员工共同发展。

第三节　高等教育人才培养质量评价机制

一、人才培养目标的评估与调整

人才培养目标的评估与调整是高等教育中一项至关重要的工作。随着社会的快速发展和经济的变革，培养具有创新能力、实践能力和综合素质的人才成为高校的使命。本部分将探讨人才培养目标的重要性，评估的方法与手段，以及在评估的基础上进行目标调整的策略。

（一）人才培养目标的重要性

1. 适应社会需求

随着社会的不断发展，对人才的需求也在不断变化。人才培养目标的设定需要紧密贴合社会、行业的实际需求，以更好地适应社会的发展。

2. 推动创新和发展

人才培养目标的设定应该注重培养学生的创新思维和实践能力，使他们能够在未来的社会中更好地推动创新和发展。

3. 培养全面发展的个体

除了专业知识，人才培养目标还应关注学生的全面发展。培养具备综合素质、团队协作和领导力的个体，以满足综合素质人才的需求。

4. 引领行业发展

高校的人才培养目标不仅仅是培养学生个体，还是为整个行业的发展提供人才支持。通过设定与行业趋势相符的培养目标，高校能够在推动行业升级和发展中发挥积极作用。

（二）人才培养目标的评估方法与手段

1.学科专业评估

通过对学科专业的评估，可以了解学生在专业领域的知识水平、技能掌握情况，以及对新兴领域的关注程度。学科专业评估是人才培养目标评估的基础。

2.毕业生跟踪调查

对毕业生的跟踪调查是一种常见的评估手段。通过追踪毕业生的职业发展、继续深造的情况，可以了解培养目标是否达到，并为未来目标的调整提供数据支持。

3.学科竞赛与项目参与情况

学科竞赛和项目参与是衡量学生实际能力和创新能力的重要指标。通过参与各类学科竞赛和项目，学生能够在实践中提升自己的综合素质。

4.企业实习与实践经验

学生在企业实习和实践中获得的经验同样是评估目标达成情况的重要依据。企业实习能够让学生更好地了解职场需求，提前适应工作环境。

5.毕业生就业率与就业质量

毕业生的就业率和就业质量直接关系到人才培养目标的实现。高校应关注毕业生就业的行业分布、薪资水平等情况，以评估目标的落地情况。

（三）人才培养目标的调整策略

1.根据行业需求调整专业设置

随着行业的发展，对人才的需求也在不断变化。高校可以通过定期的产业调研，了解当前行业的用人需求，从而调整相关专业的培养目标，使之更符合实际需求。

2.强化实践能力培养

实践能力是当前用人市场最关注的能力之一。高校可以通过增加实践课程、实习机会等方式，强化学生的实际操作能力，使其更好地适应职场的要求。

3. 引入跨学科培养模式

为了培养具有跨学科思维的人才，高校可以引入跨学科的培养模式。通过跨学科的学习，学生能够更好地将不同领域的知识进行整合，提高综合素质。

4. 推动创新创业教育

创新创业教育是培养创新型人才的有效途径。高校可以通过设立创新创业实验室、引入创业导师等方式，推动学生的创新创业能力培养。

5. 加强国际化人才培养

随着全球化的发展，培养具有国际视野和跨文化沟通能力的人才变得尤为重要。高校可以通过开设国际化课程、提供海外实习机会等方式，促进学生的国际化培养。

（四）评估与调整的实施策略

1. 建立健全的评估机制

为了确保人才培养目标的有效评估，高校需要建立健全的评估机制。这包括明确评估指标、建立数据收集体系、设立专业评估团队等。评估机制应该具有科学性、全面性，能够客观地反映学生的实际水平和就业竞争力。

2. 增强与社会的互动

高校应该与社会、行业保持密切的互动。通过与企业、行业协作，高校能够更好地了解实际用人需求，及时调整培养目标，保持与社会的对接。

3. 制订灵活的培养计划

人才培养目标的调整需要有相应的培养计划支持。高校可以制定灵活的培养计划，允许学生在一定范围内选择课程，根据个人兴趣和发展方向调整学业方向，以更好地满足个体差异化的需求。

4. 建立反馈机制

建立学生、教师、企业等多方参与的反馈机制，通过定期的座谈会、问卷调查等方式，收集相关意见和建议。这有助于及时了解培养目标实施中存在的问题，为调整提供更多的参考信息。

5. 注重核心素质培养

在调整人才培养目标时，高校应更加注重培养学生的核心素质，包括批判性思维、团队协作、沟通能力等。这些素质是学生在职业发展中不可或缺的，对其适应未来社会的变化至关重要。

（五）未来发展方向与展望

1.强化终身学习理念

未来社会的发展要求个体具备终身学习的能力。高校在设定人才培养目标时，应将终身学习理念融入其中，培养学生具备自主学习的能力，使其能够在职业生涯中不断适应变化。

2.拓展国际化合作

未来社会将更加开放和国际化，高校需要加强与国际合作的力度。通过与世界一流大学的合作、提供国际化的学习环境，培养具有国际竞争力的人才。

3.结合新技术促进教育创新

随着新技术的不断发展，高校可以结合人工智能、大数据等新技术，推动教育创新。通过在线教育、虚拟实验室等方式，提供更灵活、个性化的学习体验。

4.加强产学研深度合作

未来高校应加强与产业界的深度合作。通过与企业的深度合作，高校能够更好地了解产业的发展趋势，调整培养目标，培养更符合实际需求的人才。

5.推动人才培养体系创新

在未来，高校需要不断创新人才培养体系，建立更灵活、开放的培养机制。这包括对课程设置的灵活调整、对学科专业的创新发展、对评估机制的不断完善等方面的努力。

人才培养目标的评估与调整是高校适应社会需求、推动创新发展的重要保障。通过建立科学的评估机制，充分与社会、行业保持互动，高校能够更好地调整培养目标，培养出更适应未来社会需求的优秀人才。在未来的发展中，高校需要不断创新，与时俱进，为学生提供更全面、更灵活的人才培养服务。

二、学生综合素质评价体系的构建

学生综合素质评价是高等教育中的重要环节，对学生的全面发展和未来职业生涯具有深远影响。构建科学合理的学生综合素质评价体系，有助于更全面、客观地了解学生的学术能力、实践能力、创新能力等方面的表现。本部分将探讨学生综合素质评价体系的构建，包括评价体系的设计原则、具体评价指标的确定以及实施中的挑战与应对策略。

（一）评价体系的设计原则

1. 全面性原则

学生综合素质评价体系应涵盖多个方面，包括学术能力、实践能力、创新能力、团队协作能力、综合素养等。全面性评价能够更全面地反映学生的发展状况，为学生提供更有针对性的发展建议。

2. 可量化原则

评价体系中的指标应该是可量化的，能够通过具体的数据和实际表现进行量化评估。这有助于提高评价的客观性和科学性，使评价结果更具说服力。

3. 动态性原则

学生综合素质评价体系需要具有一定的动态性，能够随着学生在学术、实践、社会活动等方面的发展而调整。动态性评价有助于更及时地发现学生的问题和潜力，为其提供及时的引导和支持。

4. 参与性原则

评价体系的设计应该充分考虑学生的参与，包括学生自评、同学互评、教师评价等多层次的参与方式。通过多方参与，可以更全面地了解学生的表现，促进学生的自主发展。

（二）具体评价指标的确定

1. 学术能力

学术能力是学生的核心竞争力之一，包括对专业知识的掌握程度、学术思维能力、创新能力等。评价指标可以包括学科成绩、论文发表情况、学术竞赛获奖情况等。

2. 实践能力

实践能力是学生在实际工作中运用所学知识解决问题的能力，包括实习、实训、项目实施等方面的表现。评价指标可以包括实习报告、项目成果、实际问题解决能力等。

3. 创新能力

创新能力是培养学生成为未来领军人才的重要因素，包括创新思维、创新实践等。评价指标可以包括科研项目参与情况、发明专利申请情况、创新竞赛获奖情况等。

4. 团队协作能力

团队协作能力是学生在集体合作中发挥个人优势，共同完成任务的能力。评价指标可以包括团队项目表现、团队协作评价、领导力发挥等。

5. 综合素养

综合素养包括学生的综合品德、社会责任感、跨文化交流能力等。评价指标可以包括社会实践活动、志愿服务情况、公益活动参与等。

（三）实施中的挑战与应对策略

1. 主观性评价难题

学生综合素质评价涉及多方面的主观因素，包括教师、同学、学生自身的主观评价。为了减少主观性评价的偏见，可以采用多源数据的集成，引入外部评价机构进行独立评估。

2. 量化指标的局限性

虽然量化指标有助于提高评价的客观性，但有些学生的优秀表现难以通过数据来完全反映。可以通过开展面谈、组织学术展示等方式，全面了解学生的全貌。

3. 动态性评价的难度

实现评价体系的动态性需要建立起完善的数据收集和分析机制。学校可以借助信息技术手段，建立学生档案系统，实现对学生学业和发展的动态跟踪。

4. 参与性评价的挑战

学生、教师、同学的参与性评价可能存在主观性和个体差异。为了确保评价的公正性，可以建立评价标准和流程，进行培训，提高评价者的专业水平和评价能力。

（四）未来发展方向与展望

1. 引入新技术手段

未来，可以通过引入人工智能、大数据等新技术手段，构建更科学、精准的学生综合素质评价体系。这包括基于大数据的学业分析、人工智智辅助的综合素质评价，以更全面、客观地了解学生的学业表现和发展趋势。

2. 强化跨学科评价

未来社会对人才的要求越来越跨学科，学生应具备更广泛的知识和技能。因此，综合素质评价体系需要更加强调跨学科的评价，以更好地培养学生的综合能力和跨学科思维。

3. 建立个性化评价机制

每个学生的特长和发展方向都不同，未来的综合素质评价体系应更加注重个性化评价。通过灵活的评价机制和个性化的发展规划，满足学生多样化的发展需求。

4. 推动全球认可的评价标准

随着国际交流的增加，建立全球认可的评价标准将变得尤为重要。学校可以与国际知名高校、教育机构合作，借鉴国际先进的评价经验，推动建立全球通用的学生综合素质评价标准。

5. 注重终身发展导向

未来综合素质评价应更加注重终身发展导向，不仅关注学生在校期间的发展，还应关注其毕业后的职业生涯。建立学生综合素质评价与职业发展的紧密联系，推动学生在职场中持续学习和成长。

学生综合素质评价体系的构建是高等教育中的重要任务，对于培养适应未来社会需求的人才起着重要作用。在构建评价体系时，要遵循全面性、可量化性、动态性和参与性的设计原则，明确评价指标，解决评价中的挑战。未来，随着社会的不断发展和教育理念的变革，学生综合素质评价体系将不断创新和完善，更好地服务学生的全面发展和社会的需求。通过不懈努力，高校将能够建立起更科学、公正、全面的学生综合素质评价体系，为培养更多优秀人才做出更大贡献。

三、毕业生追踪与校企双向评价

毕业生追踪与校企双向评价是高校质量保障与提升的重要环节，旨在了解毕业生的职业发展状况、对接企业需求，并通过校企双向评价体系促进高校课程的优化和人才培养模式的不断改进。本部分将深入探讨毕业生追踪与校企双向评价的意义、具体实施步骤、面临的挑战以及未来发展趋势。

（一）毕业生追踪的意义

1. 了解毕业生就业状况

毕业生追踪是高校了解毕业生就业状况的有效途径。通过收集毕业生的就业信息，包括就业岗位、薪资水平、职业发展轨迹等，高校可以更全面地评估自身培养质量，及时发现存在的问题，并为进一步改进提供依据。

2. 提高人才培养质量

毕业生追踪可以帮助高校了解毕业生在职场中的表现，进而调整和优化人才培养方案。通过跟踪毕业生的职业发展情况，高校可以及时调整课程设置、教学方法，提高人才培养的实效性和适应性。

3. 促进产学对接

毕业生追踪是促进高校与企业之间产学对接的重要手段。通过了解毕业生在企业的工作表现，高校可以更好地理解企业的需求，进而调整人才培养方案，使之更符合实际用人需求。

4. 建立长效反馈机制

毕业生追踪可以建立高校与毕业生之间的长效反馈机制。通过与毕业生保持联系，高校可以获得持续的反馈信息，为教学改革、课程优化提供实际依据，推动高校的不断发展。

（二）毕业生追踪的具体实施步骤

1. 设立追踪团队与平台

高校需要设立专门的毕业生追踪团队，负责信息的收集、整理与分析。同时，建立追踪平台，通过互联网和社交媒体等渠道，方便毕业生提供及时的就业信息。

2. 制订追踪计划和调查问卷

制订详细的毕业生追踪计划，包括追踪时间点、调查内容等。设计针对性强的调查问卷，涵盖毕业生就业情况、职业发展需求、对学校培养的满意度等方面，确保获取有针对性的信息。

3. 进行毕业生访谈

除了问卷调查，高校还可以通过电话、面访等方式进行毕业生访谈，深入了解毕业生的职业发展状况、在职场中面临的挑战以及对学校培养的建议。访谈可以提供更为细致的信息和深度的反馈。

4. 建立校友会与网络社群

建立校友会和网络社群，通过这些平台保持与毕业生的联系。通过校友会和网络社群，高校可以不仅获取毕业生的就业信息，还可以建立更紧密的校友网络，为学校与毕业生之间的合作提供更多可能性。

（三）校企双向评价的意义

1. 了解企业用人需求

校企双向评价通过与企业建立紧密联系，能够更深入地了解企业用人需求。企业可以反馈毕业生在职场中的表现，提出对人才培养的具体期望，使高校更好地调整培养方案，培养更符合企业需求的人才。

2. 促进课程的实践性和实用性

企业对课程设置和培养方案提出的意见，有助于高校调整课程内容，增加实践性和实用性。校企双向评价机制推动高校课程更贴近实际工作需求，使毕业生更好地适应职场环境。

3. 优化实习与就业服务

通过企业的反馈，高校可以优化实习与就业服务，提升服务质量。了解企业的用人标准和招聘流程，有助于高校为毕业生提供更为针对性的职业指导，增加其就业竞争力。

4. 构建校企合作平台

校企双向评价有助于构建校企合作的长效机制。通过评价过程中的互动与沟通，高校和企业之间的合作关系得以加强。校企合作平台的建设有助于搭建更多实习、就业机会，为学生提供更广泛的发展空间。

5. 提升教学质量

企业对毕业生的实际表现提出反馈，有助于高校全面了解自身培养质量。通过校企双向评价，高校可以对教学质量进行精准评估，及时调整教学方法，提高人才培养的实效性。

（四）校企双向评价的具体实施步骤

1. 建立校企合作委员会

设立校企合作委员会，由高校和企业共同组成，负责规划、协调和推进校企双向评价工作。委员会可定期召开会议，深入讨论合作方向、评价标准以及解决实际问题。

2. 制定校企双向评价标准

共同制定校企双向评价的标准和指标，明确双方对人才培养的期望。评价标准应涵盖学生的知识水平、实际应用能力、创新能力等方面，并由双方共同参与制定，确保评价的客观性和公正性。

3. 开展实地考察与交流

定期组织企业代表到校内进行实地考察，了解学校的教学环境和培养模式。同时，高校也可以组织教师团队到企业进行实地交流，深入了解企业的运作机制和用人需求，为调整课程和培养方案提供实质性建议。

4. 设立校企联络员

在高校和企业之间设立校企联络员，作为信息沟通的桥梁。联络员负责及时收集和传递双方的需求和反馈，促进校企之间的密切合作。

5. 举办校企合作交流会

定期举办校企合作交流会，邀请双方代表共同参与。通过这样的交流平台，高校和企业能够直接对话，深入讨论人才培养、实习就业等方面的问题，进一步促进校企合作的深度和广度。

（五）面临的挑战与未来发展趋势

1. 面临的挑战

信息不对称：高校与企业之间信息的不对称可能导致评价的偏颇，需要加强信息沟通和共享机制。

评价标准的一致性：高校和企业对人才培养的理解存在差异，如何确保评价标准的一致性是一个需要解决的问题。

长效机制的构建：建立长效的校企合作机制需要克服历史沿革、管理机制等方面的障碍，需要时间和耐心。

2. 未来发展趋势

数字化校企合作：随着信息技术的发展，未来校企合作将更多地借助数字化手段，建立在线平台，实现更便捷、高效的合作。

全球化合作：随着全球化的趋势，高校将更加注重与国际企业的合作，推动全球范围内的校企双向评价和合作。

注重软实力培养：未来的校企合作将更注重学生的软实力培养，如沟通能力、团队协作能力等，以适应未来职业发展的需求。

强调终身学习：随着职业领域的快速变化，未来的校企合作将更强调终身学习，通过培训和进修为在职人员提供更多发展机会。

毕业生追踪与校企双向评价作为高校质量保障与提升的重要环节，对实现高质量人才培养和校企深度合作具有重要意义。在面临挑战的同时，高校和企业需要携手努力，建立更加有效的合作机制，促进双方共赢发展。通过深化校企合作，高校能够更好地满足社会需求，培养更具竞争力的人才，推动教育体制的不断创新与进步。

第八章　高等教育信息化资源的共建共享

第一节　高等院校信息化资源共建共享现状

一、教学资源的数字化整合与共享

数字化整合与共享教学资源是现代教育体系中的重要组成部分，其目的在于提高教学效果、促进信息技术在教育中的应用，并实现教育资源的高效利用。本部分将深入探讨教学资源数字化整合与共享的意义、具体实施步骤、面临的挑战以及未来发展趋势。

（一）教学资源数字化整合与共享的意义

1. 提高教学效果

数字化整合教学资源使教育更具灵活性和个性化，学生可以根据自身的学习特点和进度选择合适的资源进行学习，从而提高教学效果。

2. 促进信息技术在教育中的应用

数字化整合与共享教学资源是信息技术在教育领域应用的重要体现。通过数字化手段，教育资源得以更好地呈现、传递，提升了教学过程的互动性和创新性。

3. 节约教育资源成本

数字化整合与共享避免产生传统纸质教材的印刷和分发成本，同时减少了课程制作的时间和精力成本，实现了教育资源的节约和高效利用。

4. 实现教育资源的共享与互通

通过数字化整合，教育资源可以实现跨学科、跨学校、甚至跨国际的共享与互通，促进了教育资源的共建共享，丰富了学科体系，提高了教育水平。

（二）教学资源数字化整合与共享的具体实施步骤

1. 建设数字化教育平台

建设数字化教育平台是实施教学资源数字化整合与共享的第一步。该平台可以包括在线课程、教学视频、电子教材等多种资源，提供给学生和教师灵活的学习及教学环境。

2. 制定统一的数字资源标准

为了实现资源的共享与互通，需要制定统一的数字资源标准，包括格式、元数据标准等。这有助于提高资源的可访问性，确保各类资源能够在不同平台和设备上顺利使用。

3. 教师培训与技术支持

数字化整合与共享需要教师具备相关的数字化教学技能。因此，学校应该提供定期的教师培训，使其熟练掌握数字资源的制作、编辑和应用技巧，并提供技术支持，确保数字化教学平台的顺利运行。

4. 建立资源评价机制

建立资源评价机制，通过学生和教师的评价来提高数字化教学资源的质量。同时，也可以通过专家评审等方式，对优质资源进行认定和推广，鼓励更多的教育者积极参与数字化资源的整合工作。

5. 推动教学资源共建共享

促使教育机构、教师和学生共同参与数字资源的共建共享。鼓励教师通过开设在线课程、分享教学设计、共建数字化教材等方式，推动资源的广泛共享。

（三）面临的挑战以及未来发展趋势

1. 面临的挑战

技术基础不足：一些地区和学校的技术基础相对较差，缺乏支持数字化整合与共享的先进技术设备和网络环境。

版权和隐私问题：教育资源的数字化整合与共享涉及版权和隐私等法律和伦理问题，需要建立完善的法规和规范来保护相关权益。

数字鸿沟：在资源共享的过程中，可能会出现数字鸿沟，即一些学生由于家庭经济状况等原因无法充分利用数字化教学资源，导致出现接受教育不公平现象。

2. 未来发展趋势

智能化教学资源：随着人工智能技术的发展，未来的教学资源将更加智能化，能够根据学生的学习情况和需求进行个性化推荐和定制。

虚拟现实与增强现实：虚拟现实（VR）和增强现实（AR）技术将为数字化教学资源提供更为丰富与沉浸式的体验，提高学生的学习兴趣和参与度。

开放教育资源：未来将更加强调开放教育资源的共建共享，通过各类平台和机构将教育资源开放给更广泛的社会群体，推动教育的全球化发展。

个性化学习路径：基于大数据和个性化学习分析的技术手段，未来的数字化教学资源将更加注重个性化学习路径的设计，满足学生不同的学科兴趣和学习进度。

全球协同合作：随着国际合作的不断深化，数字化整合与共享的范围将更多地涉及国际合作，通过跨国合作推动全球教育资源的共享。

教育生态系统的构建：未来数字化教学资源将更加注重构建教育生态系统，整合学校、企业、社会等多方资源，形成互联互通、协同发展的教育生态。

数字化整合与共享教学资源是教育领域发展的必然趋势，有助于提高教学效果、促进信息技术在教育中的应用，实现教育资源的高效利用。在推动这一过程中，需要解决技术基础不足、版权和隐私、数字鸿沟等难题，通过建设数字化教育平台、制定统一的数字资源标准、加强教师培训与技术支持等手段，逐步推动数字化整合与共享教学资源的实施。未来，教育界将迎来智能化、虚拟现实与增强现实、全球协同合作等多方面的发展趋势，数字化教学资源将更加智能化、多样化，为学生提供更丰富的学习体验。

二、学生信息与学籍管理的电子化

随着信息技术的迅猛发展，学校管理体系逐渐从传统的纸质化向数字化转变。学生信息与学籍管理的电子化不仅提高了管理效率，还为学生提供了更便捷的服务体验。本部分将深入探讨学生信息与学籍管理电子化的意义、具体实施步骤、面临的挑战以及未来发展趋势。

（一）学生信息与学籍管理电子化的意义

1. 提高管理效率

学生信息与学籍管理电子化使得学校管理更加高效。通过数字化的信息管理系统，学校可以迅速获取、更新和存储学生信息，减少了繁琐的手工操作，提高了管理效率。

2. 便捷的服务体验

电子化的学籍管理系统为学生提供了更便捷的服务体验。学生可以通过在线平台查询和更新个人信息，进行选课、缴费等操作，不再需要亲自前往教务处或其他相关部门，提高了服务的便利性。

3. 数据准确性与安全性

电子化管理系统能够确保学生信息的准确性和安全性。通过权限设置和数据加密等措施，有效防止信息泄漏和非法访问，保障学生隐私安全。

4. 数据分析与决策支持

数字化的学生信息系统可以通过数据分析提供决策支持。学校管理者可以利用系统中积累的大量数据进行趋势分析、学生群体分析等，为学校的发展和管理提供科学依据。

（二）学生信息与学籍管理电子化的具体实施步骤

1. 建设学生信息系统

建设学生信息系统是学生信息与学籍管理电子化的首要步骤。该系统应包括学生基本信息、学籍信息、选课信息、成绩信息等模块，实现全面的信息管理。

2. 引入身份验证技术

为确保学生信息的安全性，引入身份验证技术是必要的。采用双因素认证、指纹识别、人脸识别等技术，确保只有合法用户才能够访问系统，防止非法入侵。

3. 教职工培训与技术支持

学生信息与学籍管理电子化需要全体教职工的积极参与。学校应加强培训，使教职工熟练掌握系统的使用方法，提供系统运维和技术支持，确保系统正常运行。

4. 数据同步与整合

将学生信息与其他相关信息（如图书馆借阅信息、课程信息等）进行数据同步与整合，实现信息的一体化管理，避免出现"信息孤岛"和冗余。

5. 制定管理规范与流程

制定学生信息与学籍管理的规范与流程，明确信息录入、更新、查阅的标准操作，确保信息管理的一致性和规范性。

（三）面临的挑战以及未来发展趋势

1. 面临的挑战

信息安全隐患：学生信息是敏感信息，一旦系统存在漏洞，就可能导致信息泄露，因此信息安全是电子化管理面临的首要挑战。

技术设施投入：学生信息与学籍管理的电子化需要投入大量的技术设施，包括服务器、网络设备、安全设备等，这可能会给资源有限的学校带来较大的经济压力。

用户习惯调整：由于学生信息与学籍管理电子化通常需要教职工和学生适应新的工作方式，可能会面临用户习惯调整的困难。

2. 未来发展趋势

智能化管理：随着人工智能技术的不断发展，学生信息与学籍管理系统将更加智能化，能够通过数据分析、预测等方式为学校提供更加智能的管理服务。

区块链技术应用：区块链技术的应用可以进一步提升信息的安全性和可信度，防范信息篡改和欺诈行为。

移动化服务：未来的学生信息与学籍管理将更加注重移动化服务，使学生可以通过手机或其他移动设备随时随地进行信息查询和操作。

云服务与共享平台：云服务与共享平台的兴起将促进学生信息和学籍管理系统的共建共享，实现学校、教育机构之间的信息互通。

学生信息与学籍管理的电子化是现代学校管理的必然趋势，它提高了管理效率、提供了便捷的服务体验、确保了信息的安全性。在实施过程中，学校需要建设完善的信息系统，引入身份验证技术，提供教职工培训与技术支持，确保数据同步与整合，制定管理规范与流程。然而，电子化管理面临信息安全、技术设施投入、用户习惯调整等挑战，需要学校综合考虑并采取相应措施应对。

　　未来,学生信息与学籍管理将朝着智能化、区块链技术应用、移动化服务、云服务与共享平台等方向发展。智能化管理将通过数据分析、预测等方式提供更加智能的服务,区块链技术的应用将进一步增强信息的安全性和可信度。移动化服务将提供更灵活的学生信息查询和操作方式,而云服务与共享平台则促进学校之间信息的共建共享。

　　综合而言,学生信息与学籍管理的电子化不仅为学校管理提供了便利和高效,也为学生提供了更加便捷的服务体验。在推动电子化管理的过程中,学校需要不断改进技术设施,加强信息安全保障,促使用户逐步适应新的工作方式。同时,紧跟技术发展趋势,积极应用智能化、区块链等新技术,为未来学校管理提供更多可能性。通过不断创新和完善,学生信息与学籍管理的电子化将为教育领域带来更多积极的变化。

三、教务管理与信息系统的协同

　　在现代教育管理中,教务管理与信息系统的协同发展日益成为提升教育质量和管理效率的重要因素。教务管理系统通过数字化手段整合了学校教务相关业务,而信息系统则提供了支持这一过程的技术基础。本部分将深入探讨教务管理与信息系统的协同,包括其意义、具体实施步骤、面临挑战以及未来发展趋势。

（一）教务管理与信息系统协同的意义

1.教务管理系统的作用

　　教务管理系统是学校管理中的核心系统之一,涵盖了课程安排、成绩管理、考试安排等多个方面。其作用在于提高教务工作的效率,保障教学计划的顺利实施,促进教育过程的顺畅运行。

2.信息系统的支持作用

　　信息系统为教务管理提供了技术支持,包括数据存储、处理、传递等功能。它不仅为教务管理系统的数字化提供了基础设施,还通过网络、云计算等技术手段实现了信息的共享和流通。

3. 协同发展的意义

教务管理与信息系统的协同发展意味着两者之间的有机结合，共同推动数字化教育管理的发展。协同发展能够提高教务管理的智能化水平，优化教学资源配置，为学校管理决策提供更科学的依据。

（二）教务管理与信息系统协同的具体实施步骤

1. 整合教务管理系统

首先，需要确保教务管理系统的完善和先进性。整合教务管理系统涉及课程安排、教学计划、学生成绩等多个方面，确保系统的功能完备，能够满足学校的实际需求。

2. 构建信息系统基础设施

在教务管理系统基础上，构建信息系统基础设施，包括网络建设、服务器搭建、数据库管理等。这些基础设施是实现信息系统支持教务管理的关键。

3. 制定数据标准和规范

为了确保信息系统与教务管理系统协同工作，需要制定统一的数据标准和规范。这包括信息的格式、编码、存储结构等，以确保数据在系统之间的顺利流通和共享。

4. 实现数据共享和交互

通过技术手段，实现教务管理系统和信息系统之间的数据共享和交互。这包括制定数据接口、建立数据传递通道等，确保信息在系统之间能够无障碍地流通。

5. 提供培训与支持

协同发展需要相关人员具备一定的操作技能和管理能力。因此，需要提供培训计划，确保教职工能够熟练使用协同工作的系统，同时提供技术支持，及时解决系统运行中的问题。

（三）面临的挑战以及未来发展趋势

1. 面临的挑战

系统整合难度：不同系统的技术平台、数据结构可能存在差异，导致系统整合的难度增大。

信息安全风险：教务管理涉及学生隐私等敏感信息，信息安全风险成为协同发展的一个重要挑战。

人员培训与接受度：教职工需要适应新的工作方式和系统操作，培训难度和接受度成为协同发展的制约因素。

2. 未来发展趋势

智能化升级：未来教务管理与信息系统协同发展将更加注重智能化升级，引入人工智能、大数据等技术，提高管理效率和决策水平。

移动化服务：随着移动设备的普及，未来教务管理与信息系统协同的发展趋势将更加注重移动化服务。教职工和学生可以通过手机、平板等移动设备实现对教务管理系统的操作和信息查询，提升工作和学习的便捷性。

云计算应用：云计算技术的应用将成为未来协同发展的重要方向，通过云端存储和计算，实现教务管理与信息系统的高效协同，减轻学校的硬件建设压力。

大数据分析：大数据分析将为教务管理提供更深入的洞察力。通过对学生学习行为、成绩数据的分析，学校可以制订更科学的教学计划和个性化的教育方案。

区块链技术：区块链技术的应用有望提升信息系统的安全性和透明度，特别是在学生学籍管理等方面，确保数据的不可篡改性和可信度。

人工智能辅助决策：教务管理与信息系统协同将更多地依托人工智能技术，辅助管理者进行决策。智能化的系统能够根据大量数据提供合理的建议，优化资源配置和管理流程。

教务管理与信息系统的协同发展对提升学校管理效率、优化教育资源配置具有重要意义。实施协同发展需要整合教务管理系统、构建信息系统基础设施、制定数据标准规范、实现数据共享交互，并提供培训与支持。然而，协同发展也会面临系统整合难度、信息安全风险、人员培训与接受度等挑战。

未来，教务管理与信息系统协同的发展趋势将更加智能化、移动化、云化、大数据化和区块链化。这些趋势将为学校管理提供更多可能性，提高决策水平和管理效率。通过不断引入先进技术和创新理念，学校能够更好地适应数字化时代的教育管理需求，为教育事业的可持续发展贡献力量。

第二节　高等院校信息化资源共建共享存在的问题

一、资源共享平台的建设不足

资源共享平台作为教育管理和学术交流的桥梁，具有整合优势资源、促进信息交流的重要作用。然而，当前一些资源共享平台在建设和运营过程中存在一定的问题，限制了其发挥效能。本部分将就资源共享平台建设不足的问题展开讨论，并提出相应的解决方案。

（一）问题分析

1.平台功能不完善

一些资源共享平台在功能设计上存在不足，无法满足用户多样化的需求。可能存在搜索功能不够智能、信息分类不清晰、上传下载速度慢等问题，影响用户体验。

2.资源质量参差不齐

一些平台上的共享资源质量良莠不齐，存在一些信息不准确、陈旧、过时的问题。这可能导致用户在平台上难以找到真正有价值的资源，降低了平台的可信度和使用率。

3.缺乏互动与反馈机制

一些资源共享平台缺乏用户之间的互动与反馈机制，用户无法进行有效的交流与讨论。这使得平台变得较为静态，不仅难以形成用户共同体，也难以及时获取用户的反馈，因此需要进行平台的改进与优化。

4.安全性和隐私问题

在资源共享平台上，一些敏感信息可能涉及知识产权、个人隐私等问题。平台的安全性和隐私保护措施可能不够完备，影响用户的信任感。

5.缺乏有效的推广与宣传

一些平台在推广和宣传方面做得不够，导致平台知名度较低，用户流量不足。这使得资源共享平台的影响力受限，难以吸引更多的用户和资源提供者。

（二）解决方案

1. 完善平台功能设计

对功能不完善的问题，需要对资源共享平台进行技术升级和功能优化。增强平台的搜索算法，提高信息分类的准确性，加快上传下载速度，确保平台在技术上能够满足用户多样化的需求。

2. 加强资源审核与管理

为了提高资源的质量，平台需要建立更加严格的资源审核机制。加强对上传资源的审核，剔除低质量、虚假或过时的信息，确保平台上的资源具有较高的可信度。

3. 引入社交和互动机制

资源共享平台可以引入社交和互动机制，如评论区、用户评分、在线问答等。这些机制能够促进用户之间的交流与合作，形成用户社区，增加平台的活跃度。

4. 完善安全与隐私保护措施

平台应加强安全性和隐私保护措施，采用数据加密技术、权限管理等手段确保用户信息的安全。建立举报机制，及时处理违规行为，维护平台的秩序和安全。

5. 加大推广和宣传力度

为了提高平台知名度，需要加大推广和宣传力度。可以通过与相关机构、学校、企业合作，开展线上线下的推广活动，提高平台的曝光率。同时，建立用户奖励机制，鼓励用户推广平台。

6. 提供培训与用户教育

为了增加用户的粘性和忠诚度，平台可以提供相关培训和用户教育服务。这包括对平台功能的详细介绍，使用技巧的分享，以及定期的线上培训活动，帮助用户更好地利用平台资源。

（三）未来发展趋势

1. 引入人工智能和大数据分析

未来，资源共享平台可以引入人工智能技术，通过用户行为数据的分析，为用户提供个性化的资源推荐。另外，大数据分析也能帮助平台更好地了解用户需求，优化平台的运营和服务。

2. 推动开放教育资源

未来资源共享平台可以加强与开放教育资源的合作，推动开放教育资源的共享和交流。这将丰富平台的资源内容，提高平台的知名度和吸引力。

3. 强化跨平台融合

为了提高资源共享平台的综合性和便利性，未来可加强跨平台融合。通过与其他学术平台、在线教育平台等的合作，实现资源的互通互用，为用户提供更全面的服务。

4. 推动区块链技术应用

区块链技术具有去中心化、不可篡改等特点，有望解决资源共享平台中的信任和安全问题。未来可以考虑在平台的管理和数据交互过程中引入区块链技术，提高平台的透明度和可信度。

5. 注重用户体验设计

未来资源共享平台需要更加注重用户体验设计，通过优秀的界面设计、人性化的操作流程，提高用户的满意度和粘性。这包括响应式设计、移动端适配等方面的优化。

6. 加强国际合作

在全球化背景下，资源共享平台可以加强国际合作，与其他国家和地区的平台进行互通互用。这有助于推动全球范围内教育资源的共享和交流，促进全球教育事业的发展。

资源共享平台虽然在教育管理和学术研究中发挥着重要作用，但建设不足的问题依然存在。通过完善平台功能设计、加强资源审核与管理、引入社交和互动机制、完善安全与隐私保护措施、加大推广和宣传力度、提供培训与用户教育等手段，可以有效解决当前问题。未来的发展趋势应包括引入人工智能和大数据分析、推动开放教育资源、强化跨平台融合、推动区块链技术应用、注重用户体验设计以及加强国际合作等方面。通过综合运用这些手段，资源共享平台有望迎来更加繁荣和全面的发展，为教育事业和学术研究提供更强大的支持。

二、学校管理系统存在的"信息孤岛"问题

学校管理系统在现代教育中扮演着至关重要的角色，涵盖了学生信息、教务管理、财务管理等多个方面。然而，一些学校管理系统存在着信息孤岛问题，即不同部门的信息难以实现有效的共享与整合。本部分将深入探讨学校管理系统中存在"信息孤岛"问题的原因、影响以及可能的解决方案。

（一）存在"信息孤岛"问题的原因

1. 系统设计不一致

学校管理系统的各个部分可能由不同的开发团队或厂商设计，导致系统结构和数据格式存在差异。这种设计不一致会导致不同系统之间的数据难以互通。

2. 部门独立运营

在一些学校，各个管理部门可能独立运营，使用独立的系统和工具。这种独立性阻碍了信息流通，形成了"信息孤岛"。

3. 数据安全与隐私考虑

由于对学生信息等敏感数据的安全和隐私考虑，一些学校可能设置了严格的权限和访问控制，导致信息在不同系统之间难以流通。

4. 缺乏统一标准与规范

缺乏统一的数据标准和规范是存在"信息孤岛"问题的原因之一。不同系统使用不同的数据格式和字段命名，导致数据整合困难。

（二）存在"信息孤岛"问题的影响

1. 效率低下

"信息孤岛"导致了不同部门之间信息的割裂，使得工作人员需要花费更多的时间和精力在数据的手动传递和整合上，降低了工作效率。

2. 决策困难

学校管理需要基于全面的信息来进行决策，"信息孤岛"使得决策者无法获取到全局的数据，难以做出全面而准确的决策。

3. 服务质量下降

学生和家长可能需要在不同的系统中进行重复的信息填写，这不仅增加

了他们的负担，也降低了服务的质量和用户体验。

4. 数据准确性降低

由于信息在不同系统之间的传递和整合存在误差的可能性，数据的准确性受到影响，可能导致学校做出基于不准确数据的决策。

（三）解决"信息孤岛"问题的方案

1. 制定统一数据标准

为了解决系统设计不一致和数据格式不统一的问题，学校可以制定统一的数据标准和规范，确保各个系统都按照相同的标准进行数据存储和传递。

2. 实施集成平台

引入集成平台，将各个管理系统整合在一个平台上，通过接口和数据中间件实现不同系统之间的数据交互。这样可以实现信息的实时共享，减少"信息孤岛"的存在。

3. 强化跨部门协同

学校可以通过强化跨部门的协同机制，鼓励各个管理部门共同参与决策和信息分享。建立定期的协同会议和工作流程，促进信息的自由流通。

4. 提高数据安全措施

在信息共享的前提下，学校需要加强对敏感数据的安全保护措施，采用加密、权限管理等手段，确保数据在共享过程中的安全性和隐私性。

5. 进行系统整合培训

对学校管理系统的用户进行系统整合培训，使其能够熟练使用集成平台和了解数据标准。培训可以提高用户的系统使用效率，减少"信息孤岛"问题的发生概率。

6. 制定信息共享政策

学校可以制定信息共享政策，明确各个部门对信息共享的责任和义务。这包括明确数据共享的流程、权限管理的原则、信息更新的频率等，通过政策的制定建立信息共享的规范化管理。

7. 使用云计算技术

引入云计算技术可以帮助学校建立统一的数据存储平台，通过云端服务实现各个系统的数据同步与备份。云计算技术能够提高数据的可访问性和可靠性，减少"信息孤岛"的风险。

8.建立数据质量管理体系

学校可以建立数据质量管理体系，通过监控数据的准确性、完整性、一致性等方面的指标，定期进行数据质量的评估和改进。确保共享的信息是高质量的、可靠的。

（四）未来发展趋势

1.人工智能与大数据应用

未来，学校管理系统可以引入人工智能和大数据分析技术，通过智能算法分析数据，提供更精准的预测和决策支持。这将加强对学校运营的深度理解，推动信息的更有针对性的共享。

2.区块链技术的应用

区块链技术的去中心化和不可篡改的特性有望解决信息安全及隐私问题。未来，学校管理系统可以考虑引入区块链技术，建立安全、可信的信息共享网络。

3.移动化与便捷性

随着移动设备的普及，未来学校管理系统将更加注重移动化的发展。通过开发移动应用，提高用户在不同场景下的信息获取和处理的便捷性，减少"信息孤岛"的影响。

4.智能助手的使用

未来，学校管理系统可以集成智能助手，通过语音和自然语言处理技术，使用户能够通过简单的交互方式获取所需信息，提高信息共享的便捷度。

5.开放教育资源的推广

推动开放教育资源的共享和使用，使得学校能够更好地利用外部资源，拓展信息共享的边界。这涉及与其他学校、机构的合作，共同推动教育资源的开放共享。

学校管理系统的"信息孤岛"问题是当前教育管理中面临的挑战之一。通过制定统一的数据标准、实施集成平台、强化跨部门协同、提高数据安全措施、进行系统整合培训、制定信息共享政策等多方面的努力，可以有效解决"信息孤岛"问题。未来，结合人工智能、区块链技术等新兴技术，以及移动化、智能助手等发展趋势，有望进一步提升学校管理系统的信息共享水平，推动教育管理的现代化发展。

三、师生互动平台的薄弱环节

随着信息技术的不断发展，师生互动平台在教育领域扮演着越来越重要的角色。然而，一些师生互动平台存在一些薄弱环节，这影响了平台的效果和用户体验。本部分将深入探讨师生互动平台的薄弱环节，提出相应的改进方案，并展望未来的发展趋势。

（一）师生互动平台的薄弱环节

1. 信息不及时更新

一些师生互动平台存在信息更新不及时的问题，导致学生和教师无法及时获取到最新的学术资讯、教学安排等信息，影响了教育教学的实时性。

2. 缺乏多样化的互动方式

有些平台主要以文字为主，缺乏多样化的互动方式，如语音、视频等。这使得师生之间的交流受到限制，难以满足不同学科和学生个性的需求。

3. 缺乏个性化定制功能

部分平台缺乏个性化定制功能，无法根据不同用户的需求和兴趣提供个性化的信息推送及互动服务，降低了用户体验和满意度。

4. 安全性和隐私问题

一些平台在安全性和隐私保护方面存在漏洞，可能导致敏感信息泄露或恶意攻击，影响了师生对平台的信任度。

5. 技术支持不足

一部分学校或机构在师生互动平台的技术支持方面投入不足，导致平台运行不稳定、容易出现故障，影响了平台的可用性和稳定性。

（二）改进方案

1. 提高信息更新的及时性

为了解决信息不及时更新的问题，平台管理者可以采用自动化工具，建立定期更新的机制。同时，鼓励教师和学生积极参与信息的上传与分享，形成良好的信息流通机制。

2. 引入多样化的互动方式

为了丰富互动体验，平台可以引入多样化的互动方式，如语音聊天、视频会议等。这样可以更好地满足不同学科和学生个性的需求，提高师生之间的交流效果。

3. 设计个性化定制功能

引入个性化定制功能，允许用户根据自己的兴趣和需求进行设置，获得更符合个性化需求的信息和服务。这有助于提高用户的满意度和使用粘性。

4. 加强安全性和隐私保护

平台管理者需要加强安全性和隐私保护的措施，采用先进的加密技术、访问控制机制等手段，确保用户信息的安全性和隐私性。定期进行安全漏洞检测和修复工作，提高平台的安全性。

5. 提升技术支持水平

学校或机构应投入足够的资源和人力，建立专业的技术支持团队，及时解决平台出现的故障和问题。定期对平台进行维护和升级，确保平台的稳定性和可用性。

（三）未来发展趋势

1. 教育大数据的应用

未来，师生互动平台可以充分利用教育大数据，通过分析学生和教师的互动行为，为其提供个性化的学习和教学建议，提升平台的智能化水平。

2. 引入人工智能辅助

人工智能技术的应用有望进一步改进师生互动平台，如智能助手、智能答疑系统等，为用户提供更便捷、高效的服务，提高平台的智能化水平。

3. 加强用户培训和教育

对师生互动平台的使用者，学校或机构可以加强培训和教育工作，提高用户的技术水平和使用能力，使其更好地利用平台进行师生互动。

4. 引入区块链技术

区块链技术的去中心化和不可篡改性质有望解决平台安全性与隐私问题。未来可以考虑在师生互动平台中引入区块链技术，提升平台的安全性和信任度。

5. 拓展移动化发展

随着移动设备的广泛应用，未来的师生互动平台可以更加注重移动化的发展。开发移动应用，提供随时随地的师生互动服务，提高平台的便捷性和可用性。

师生互动平台虽然在教育领域中发挥着越来越重要的作用，但一些薄弱环节仍然存在，包括信息更新不及时、互动方式单一、缺乏个性化定制、安全性和隐私问题、技术支持不足等。为了解决这些问题，需要平台管理者和相关机构采取一系列切实可行的措施，以确保师生互动平台的良好运行并提高用户体验。

第三节 高等院校信息化资源共建共享存在问题的原因分析

一、学校管理体制的局限

学校管理体制是确保教育机构正常运作的组织结构和管理模式。然而，由于社会变革和教育需求的不断演变，传统的学校管理体制在一些方面显露出一些局限性。本部分将深入探讨学校管理体制的局限，提出可能的变革方向，并展望未来发展趋势。

（一）学校管理体制的局限

1. 行政层级繁多

学校管理体制通常存在行政层级繁多的问题。层级繁多会导致信息传递和决策执行的效率降低，学校管理变得过于模式化，难以迅速适应快速变化的教育环境。

2. 决策权过于集中

在一些学校中，决策权往往过于集中在少数领导人手中，这可能导致决策的单一性和过于依赖个人经验，难以激发全体师生的创造性和积极性。

3. 教育资源分配不均

学校管理体制中存在的一些问题导致教育资源分配不均。一些学校可能因为地理位置、历史原因等因素，资源相对较少，而一些学校则可能过度集中资源，导致教育机会的不平等。

4. 难以适应变革的需求

传统学校管理体制往往较为固化，难以适应社会、科技、文化等多方面的快速变革。这可能使得学校在面对新的教育理念和技术革新时决策显得相对固化。

5. 缺乏学生参与机制

学校管理体制中，学生的参与程度相对较低。学生作为学校的主要受益者之一，他们的声音和意见应当更多地被纳入学校管理的决策过程中，但目前的体制在这方面存在一定的不足。

（二）学校管理体制的变革方向

1. 引入扁平化管理结构

为了解决层级繁多的问题，学校可以考虑引入扁平化的管理结构，减少冗余的管理层级，提高决策的效率。通过简化管理结构，学校可以更灵活地应对变革和创新。

2. 推动决策权下放

学校可以通过推动决策权下放，鼓励更多的教育从业者和相关利益方参与到决策过程中。通过实现决策的多元化，可以更好地发挥集体智慧，提高决策的科学性和公正性。

3. 优化资源分配机制

建立更为合理的资源分配机制，确保教育资源能够更加均衡地覆盖到各个学校和地区。可以通过政府政策的引导，建立公平的资源分配制度，促进教育机会的均等。

4. 强化学校内部创新机制

通过强化学校内部创新机制，鼓励教职员工提出新的教育理念、教学方法和管理模式。建立一个良好的创新文化，使得学校能够更好地适应变革和不断提升自身竞争力。

5. 建立学生参与的机制

为了增加学生的参与度，学校可以建立学生代表制度、学生议会等机制，使学生能够更直接地参与学校的管理决策。通过培养学生的参与意识，学校可以更好地满足学生的需求。

6. 引入现代信息技术

利用现代信息技术，建立数字化、智能化的管理系统，提高信息的透明度和管理的效率。通过引入大数据、人工智能等技术，学校可以更好地进行数据分析和决策支持，实现智能化管理。

（三）未来发展趋势

1. 教育智慧化发展

未来学校管理体制的发展趋势之一是教育的智慧化。通过引入人工智能、大数据分析等技术，实现学校管理的信息化和智能化，提高管理的科学性和效率。

2. 学科交叉与跨界合作

未来学校管理体制的发展将强调学科交叉与跨界合作。教育不再仅仅是传统学科的划分，而要更加强调跨学科的整合。学校管理体制需要与各行各业建立更紧密的合作关系，以应对复杂多变的社会需求。

3. 学生个性化发展

未来学校管理体制将更加注重学生个性化的发展。通过采用个性化教育方案、灵活的课程设置，学校可以更好地满足不同学生的学习需求，培养具有个性特点的人才。

4. 网络化与远程教育

随着网络技术的发展，未来学校管理体制将更加注重网络化与远程教育。通过建设在线教育平台，实现教育资源的共享，拓展学生的学习渠道，实现教育的全球化。

5. 民主治理与社群建设

未来学校管理体制的发展将强调民主治理与社群建设。学校管理需要更广泛地吸纳师生和家长的参与，形成一个共同参与、共同决策的管理社群，共同推动学校的健康发展。

6. 生涯规划与高等教育

未来学校管理体制的发展将更加注重学生的生涯规划与高等教育。学校将通过提供更多职业导向的课程、实习机会等，帮助学生更好地规划未来职业发展，提高毕业生的就业竞争力。

7. 责任与社会担当

未来学校管理体制的发展趋势将强调学校的责任与社会担当。学校需要更加注重培养学生的社会责任感和公民意识，通过社会实践、志愿服务等活动，培养学生为社会做贡献的能力。

学校管理体制作为教育机构的基础，其局限性与不足已经日益凸显。未来，随着社会的不断发展和教育理念的更新，学校管理体制将面临深刻的变革。通过引入扁平化管理、推动决策权下放、优化资源分配、强化学生参与、引入现代信息技术等措施，学校管理体制有望更好地适应当今社会的需求，实现更加科学、灵活、民主的管理。这将为教育机构的可持续发展和学生的全面发展提供更有力的支持。

二、教职工信息素养的不足

在信息技术快速发展的时代，教育工作者面临着新的挑战和机遇。信息素养作为一种综合性的能力，涵盖了信息获取、处理、评估和创造等多个方面。然而，目前一些教职工在信息素养方面存在一定的不足。本部分将分析教职工信息素养的不足，并提出相应的提升策略。

（一）教职工信息素养的不足

1. 缺乏信息搜索与筛选能力

一些教职工在信息搜索与筛选方面存在欠缺的问题。随着互联网的普及，信息呈爆炸式增长，而一些教职工在海量信息中找到有用的、可信信息的能力相对较弱，容易受到信息噪声的干扰。

2. 对新技术的应用欠缺

新技术的不断涌现对教育提出了更高的要求，而一些教职工对新技术的应用欠缺积极性。他们可能对一些新的教学工具、平台、应用不够了解，导致其无法充分利用现代技术手段提升教学效果。

3. 缺乏信息评估的能力

信息素养包括对信息的评估能力，即判断信息的真实性、可信度和适用性。一些教职工在面对信息时，缺乏系统性的评估思维，容易受到误导或传播不准确的信息。

4. 对信息安全的重视不足

信息安全是信息社会中一个重要的方面，而一些教职工对信息安全的重视不足。在使用互联网、电子邮件等工具时，缺乏必要的安全意识，容易受到网络攻击或遭遇信息泄露的风险。

5. 缺乏信息创新的能力

信息素养不仅仅包括获取和利用信息，还包括对信息的创新能力。一些教职工在信息创新方面相对欠缺，缺乏独立思考和创造性解决问题的能力。

（二）提升教职工信息素养的策略

1. 加强信息素养培训

为了解决教职工信息素养不足的问题，学校可以加强信息素养培训。培训内容可以涵盖信息搜索与筛选、新技术应用、信息评估、信息安全意识以及信息创新等方面。培训形式可以多样化，包括线上课程、研讨会、工作坊等。

2. 制订信息素养培养计划

学校可以制订信息素养培养计划，明确培训的目标、内容和周期。通过系统性的计划，将信息素养培养融入教育工作者的职业发展路径中，使其能够在不同阶段不断提升自身的信息素养水平。

3. 鼓励教职工参与信息技术研究

为了促使教职工更好地掌握新技术，学校可以鼓励和支持教职工参与信息技术研究。设立相关的研究项目和奖励机制，激发教职工对新技术的兴趣，提高其技术运用能力。

4. 引入信息素养考核

学校可以将信息素养作为绩效考核的一项指标，建立相应的考核机制。通过考核，推动教职工主动学习、提升信息素养水平，并将其作为职业素养的一部分。

5. 提供信息安全教育

为了加强信息安全意识，学校可以提供信息安全教育。教育内容可以包括防范网络攻击、保护个人隐私、安全使用电子邮件等方面的知识。通过培养信息安全的习惯，提升教职工在数字化环境中的安全素养。

6. 创建信息创新平台

为了培养教职工的信息创新能力，学校可以创建信息创新平台。该平台可以提供资源、支持和合作机会，鼓励教职工在教育领域中进行信息创新实践，促进教育教学的不断发展。

（三）未来发展趋势

1. 深度融入人工智能教育

未来，随着人工智能技术的不断发展，教职工需要更深入地融入人工智能教育。学校可以引入相关培训课程，提高教职工在人工智能教育方面的理解和应用能力。

2. 发展在线学习社区

在线学习社区将成为未来提升教职工信息素养的有效途径。学校可以建立在线平台，为教职工提供一个共享资源、交流经验的社区环境。通过参与讨论、分享教学案例等方式，教职工可以不断提升其信息素养。

3. 强调跨学科综合素养

未来教育将更加强调跨学科综合素养，包括信息素养在内。学校可以促使教职工在不同学科领域间建立连接，鼓励他们跨界学习，提升对各类信息的理解和应用能力。

4. 推动个性化学习

个性化学习将成为未来的发展趋势，教职工需要更加灵活地应对不同学生的需求。学校可以通过培训教职工运用技术手段，个性化地设计教学内容，提高他们在信息技术方面的灵活运用能力。

5. 强调生涯规划与职业发展

除了提升信息素养，学校还应强调教职工的生涯规划和职业发展。通过为教职工提供职业发展规划、培训机会等支持，激发他们对信息技术的持续学习兴趣，实现其在长期职业生涯中的全面发展。

6. 推崇开放式创新

未来的教育将更加注重开放式创新，教职工需要具备与他人合作、共同创新的能力。学校可以通过组织创新项目、支持教职工参与科研合作等方式，培养他们在信息领域的开放式创新意识。

7. 引导教职工参与教育政策制定

教育政策对教育工作者的工作具有深远的影响，因此，未来的趋势之一是鼓励教职工参与教育政策的制定。学校可以提供相关培训，使教职工具备更强的信息素养，能够参与到教育政策的制定和改进中。

提升教职工信息素养是当前教育领域亟待解决的问题。通过加强培训、制订培养计划、引入考核机制、推动信息技术研究等手段，可以有效提升教职工的信息素养水平。同时，未来的发展趋势中，加强与新技术的融合、发展在线学习社区、推动个性化学习、强调生涯规划与职业发展等方面都将成为其重要的发展方向。这些努力不仅有助于提高教育工作者的综合素质，也将为学生提供更优质的教育服务。

三、学生信息安全面临的挑战

随着信息技术的飞速发展，学校管理中对学生信息的采集、存储、处理和传输日益频繁，与此同时，学生信息安全问题也愈发突出。学生信息安全面临的挑战主要体现在信息泄露、滥用、技术安全漏洞等方面。本部分将深入探讨学生信息安全面临的挑战，并提出相应的应对策略。

（一）学生信息安全面临的挑战

1. 信息泄露风险

学生信息中包含着大量敏感数据，包括但不限于身份证号、家庭地址、联系方式等。信息泄露可能来自不安全的数据传输、存储设备遗失、黑客攻击等多方面原因，一旦泄露，就会对学生造成不可估量的损害。

2. 信息滥用可能性

学生信息一旦落入不法分子手中，就能被滥用于恶意活动，如进行虚假身份认证、实施网络诈骗等。滥用学生信息不仅损害了学生的权益，也会对社会造成潜在威胁。

3. 技术安全漏洞

学校信息系统中存在的技术安全漏洞是学生信息安全的重要威胁。这可能包括系统缺陷、未及时更新的安全补丁、不当配置等，使得黑客或病毒有可能入侵系统，获取学生信息。

4. 社交媒体安全风险

许多学生活跃在社交媒体平台上，而这些平台的安全性备受质疑。学生可能因为不慎泄露个人信息，或者受到网络欺凌等侵害，导致个人隐私暴露。

5. 第三方数据交换安全问题

学校可能会与第三方进行数据交换，如教育部门、互联网企业等，而这种数据交换可能存在信息泄露、滥用的隐患。对于这些合作，学校需要审慎把控安全风险。

（二）应对策略

1. 建立完善的信息安全管理体系

学校应建立起一套完善的信息安全管理体系，明确信息安全的责任分工、管理流程、安全政策等。这包括对学生信息的收集、存储、处理、传输等方面进行详尽规定，确保信息安全从源头上得到控制。

2. 强化技术安全措施

学校应该采取一系列技术手段，包括但不限于加密技术、防火墙、安全漏洞扫描等，以加强对信息系统的技术安全保障。同时，定期进行安全审计，发现并及时修复系统中潜在的问题。

3. 加强网络安全教育与培训

对学生进行网络安全教育，提高他们的信息安全意识，是非常必要的。学校可以通过开展安全知识讲座、组织网络安全演练等方式，帮助学生更好地保护自己的信息。

4. 限制和规范数据访问权限

学校在信息系统中对不同用户的数据访问权限进行限制和规范。只有授权人员才能够访问、修改和处理特定信息，这样可以最大限度减少信息泄露的风险。

5. 提升社交媒体安全防护

学校可以通过宣传教育、设置安全提示、引导学生正确使用社交媒体等方式，提升学生在社交媒体上的安全防护意识。同时，学校可以建立监测机制，及时发现并解决学生在社交媒体上的安全问题。

6. 强化第三方合作的安全约定

在与第三方进行数据交换时，学校需要签订详细的安全合同，规定数据的使用范围、安全保障措施等。另外，学校还需要定期审查第三方的安全措施，确保学生信息得到妥善保护。

7. 加强法律法规遵从

学校需要严格遵守相关法律法规，特别是有关个人信息保护的法规。及时更新隐私政策，告知学生个人信息的收集、使用、存储等情况，并征得学生同意。

（三）未来发展趋势

1. 区块链技术的应用

随着区块链技术的发展，将有望在信息安全领域发挥更大作用。学校可以考虑运用区块链技术，建立去中心化的、不可篡改的信息存储系统，提高学生信息的安全性和可信度。

2. 人工智能在信息安全领域的运用

人工智能技术的不断进步为维护信息安全提供了新的可能性。学校可以考虑利用人工智能技术，通过行为分析、异常检测等手段，及时发现和应对可能存在的安全威胁，提高信息安全的主动防御能力。

3. 多因素身份认证

传统的用户名和密码方式存在被破解的风险，未来学校可以引入多因素身份认证，如指纹、虹膜、人脸识别等技术，提高身份验证的安全性，确保只有授权人员才能够访问敏感信息。

4. 面向量子安全的加密技术

随着量子计算技术的发展，传统的加密算法可能面临被破解的风险。因此，学校可以关注量子安全的加密技术研究，以应对未来可能面临的安全挑战。

5. 强化社会责任意识

信息安全是一个共同的责任，学校需要加强与学生、教职工、家长等各方的沟通，提高他们的信息安全意识，使每个参与者都能够自觉维护和保护学生信息的安全。

学生信息安全隐患的挑战不断涌现，要有效应对这些挑战，学校需要建立完善的信息安全管理体系，利用先进的技术手段提升安全保障水平。同时，社会各方需共同努力，提高信息安全的共识和意识，共同维护学生信息的安全与隐私。通过全面、多层次的措施，可以更好地确保学生信息的安全，为教育信息化提供可持续、健康的发展环境。

第四节　高等院校教育信息化资源共建共享模式及对策

一、跨校合作与资源整合的机制

随着教育领域的不断发展，跨校合作与资源整合成为推动高校提升综合实力、优化教育资源配置的重要途径。本部分将深入探讨跨校合作与资源整合的机制，分析其背后的动因、实施策略、资源整合的机制面临的挑战以及未来发展趋势，旨在为高校提供更加全面的合作资源整合思路。

（一）跨校合作的动因

1. 资源互补与优势互补

不同高校在师资力量、科研水平、实践基地等方面存在差异，通过跨校合作可以实现资源互补，发挥各自的优势，提高整体教育水平。例如，一所学校在工程领域有优势，而另一所学校在文科领域更为擅长，通过合作可以形成优势互补。

2. 降低成本与提高效益

高校单独进行一些大型项目的投入较大，而通过跨校合作可以分担成本、共同分享效益。例如，共建实验室、共享教材、共同开设课程等方式能够降低资源开发和利用的成本，提高效益。

3. 开拓创新空间

跨校合作有助于创造更大的创新空间。通过不同高校的思维碰撞，能够激发创新思维，促进科研成果的产生，推动教育体系的创新与发展。

（二）跨校合作的实施策略

1. 建立战略合作伙伴关系

高校可以选择与特定高校建立战略合作伙伴关系，明确合作目标、方向与计划，共同投入资源，形成长期稳定的合作关系。

2. 设立联合实验室与研究中心

共建实验室、研究中心能够为高校提供共享的科研平台，推动师生之间的合作，提高科研水平。这种合作形式可以通过学术交流、共同科研项目等实现资源整合。

3. 联合培养项目与课程

高校可以开展联合培养项目，共同制订培养计划，实现学生资源的共享。此外，跨校合作还可以通过联合开设课程，提供更为丰富的教育资源。

4. 推动校际教师交流

鼓励教师进行校际的交流与合作，包括共同承担项目、参与对方学术活动、进行科研合作等。通过教师之间的交流，促进知识的传播与共享。

5. 制订共同发展规划

高校在跨校合作过程中，应共同制订发展规划，明确合作的方向、目标和时间表。这有助于合作的长期稳定发展，确保合作能够落地生根。

（三）资源整合的机制

1. 建立信息共享平台

建立高效的信息共享平台，实现各类信息的快速传递和共享。这可以包括教学资源、科研成果、学科建设等方面的信息，为各高校提供及时的参考和支持。

2. 制定共享资源管理规范

制定共享资源的管理规范，包括资源的获取、使用、维护等方面。制定规范有助于资源的有序管理，避免出现资源浪费和滥用。

3. 聚焦重点领域资源整合

高校可以在特定的领域进行深度资源整合，形成资源共享的合作机制。例如，共建某一专业领域的实验室、图书馆等，充分发挥各自的优势。

4. 引入第三方合作机构

引入第三方合作机构，协助高校进行资源整合。这些机构可以提供专业的管理经验和技术支持，推动资源整合的效率和质量。

5. 建立共同研究基金与项目

建立共同的研究基金，资助跨校合作的科研项目。通过共同申请国家级、地方级研究项目，实现经费的共享，提高研究水平。

（四）面临的挑战

1. 利益分配问题

在跨校合作与资源整合中，如何合理分配利益是一个亟待解决的问题。各高校可能存在合作时的权益分歧，因此要建立公正的分配机制。

2. 文化差异与合作障碍

不同高校之间存在文化差异，包括管理文化、教学文化等。这些差异可能导致合作过程中的沟通障碍和理念不合，需要高校在合作前充分了解彼此文化差异，制定合适的沟通和协作策略，以减少潜在的合作障碍。

3. 制度不完善与管理困难

高校之间的制度差异和管理体系不同可能导致合作时出现管理困难。合作双方需要建立健全的合作制度，明确各自的责任与权利，以确保合作能够有序进行。

4. 学科竞争与合作机制构建

在一些重点学科领域，学校之间可能存在激烈的竞争关系，而建立合作机制需要克服学科竞争带来的困难。学校需要通过采用明确研究方向、合理分工等方式来构建合作机制。

5. 激励机制不足

当前高校评价体系多以个体为单位，而跨校合作往往需要团队协同工作。因此，当前的激励机制可能不足以鼓励个体投入跨校合作中。学校需要建立相应的激励机制，奖励团队合作的突出贡献。

（五）未来发展趋势

1. 强化国际合作

未来高校跨校合作的趋势将更加强调国际合作。通过与国外高校建立战略伙伴关系，共同推动教育、科研与人才培养，提升国际竞争力。

2. 拓展产学研深度合作

跨校合作不仅仅局限于高校之间，还有望拓展至产业界。高校与企业、科研机构的深度合作将更为密切，推动科研成果更好地服务社会与产业发展。

3. 强调全球化视野

未来高校跨校合作将更强调全球化视野，通过引进国际先进教育理念、培养全球化人才，推动高校实现全球资源的优化配置与整合。

4.创新管理体制

为应对合作中的管理难题，未来高校将加强管理体制的创新，建立更加灵活、适应跨校合作的管理机制。强调依靠信息技术手段，实现合作资源的动态管理与监控。

5.推动数字化教育资源共享

随着数字化技术的普及，未来高校将更加注重数字化教育资源的共享。通过建设在线课程、数字图书馆等共享平台，实现跨校间教育资源的数字化整合。

跨校合作与资源整合是高校发展的必然趋势，有助于优化教育资源配置、提高整体实力。然而，要应对合作中的各种挑战，高校需要不断探索创新机制、加强沟通与协作，以促进跨校合作取得更好的成果，为高等教育的发展注入更大的活力。

二、信息安全管理与风险防范

随着信息技术的飞速发展，信息安全问题日益成为各个领域关注的焦点。在高校教育管理中，信息安全的管理与风险防范显得尤为重要。本部分将探讨信息安全管理的基本概念、重要性，以及高校如何建立有效的信息安全管理体系，信息安全风险面临的挑战与对策以及未来发展趋势。

（一）信息安全管理的基本概念

1.信息安全的定义

信息安全是指保护信息系统中的信息不被未经授权的访问、使用、披露、破坏、修改或泄露的状态。信息安全管理是为了维护信息系统的稳定运行，确保信息的完整性、保密性和可用性而采取的一系列措施。

2.信息安全管理体系

信息安全管理体系是指通过一系列组织、制度和技术手段，对信息系统和信息资产进行全面、系统的管理，以达到维护信息安全的目标。典型的信息安全管理体系包括政策制定、组织架构、风险评估、安全培训、技术防护等多个方面。

（二）信息安全管理的重要性

1.保障学校教育信息的完整性

学校的教育信息包括学生信息、教职工信息、教学资源等，这些信息的完整性直接关系到教育教学的质量。信息一旦被篡改或破坏，就会对学校的正常运行和教学活动产生不可估量的负面影响。

2.维护学生信息的保密性

学生信息中包含大量敏感数据，包括个人身份信息、学习成绩等。如果这些信息被未经授权的人获取，就可能导致学生隐私泄露、身份盗用等问题。因此，保障学生信息的保密性是信息安全管理的核心任务之一。

3.确保信息系统的可用性

信息系统是高校教育管理的重要支撑，包括教务管理系统、学生信息管理系统等。保障信息系统的可用性意味着要防范各类网络攻击、恶意软件，确保系统能够稳定运行，不受外部干扰。

4.防范信息安全风险对学校声誉的影响

一旦学校的信息系统受到攻击或发生数据泄露事件，就会直接影响学校的声誉。现代社会对高校的信任建立在信息安全的基础上，因此防范信息安全风险对维护学校声誉至关重要。

（三）建立有效的信息安全管理体系

1.制定明确的信息安全政策

学校应当制定明确的信息安全政策，明确信息安全的基本原则、责任分工、管理流程等。政策要求全员遵循，确保每个人都对信息安全有清晰的认识。

2.建立信息安全组织架构

设立专门的信息安全组织架构，明确信息安全管理的职责和权限。这包括设立信息安全管理部门、聘请专业的信息安全人员，并建立信息安全委员会等机构。

3.进行信息安全培训与教育

通过定期的信息安全培训，提高全体教职工和学生对信息安全的重视程度。培训内容包括信息安全意识、密码管理、网络安全知识等，确保每个用户都能够达到信息安全的基本要求。

4. 实施信息安全技术防护

部署先进的信息安全技术，包括防火墙、入侵检测系统、杀毒软件等。及时升级和维护这些技术手段，确保学校的信息系统能够抵御各类网络攻击。

5. 进行信息安全风险评估与管理

定期进行信息安全风险评估，识别潜在的风险和威胁。建立风险管理机制，制定相应的风险防范和处理措施，确保信息系统的安全稳定运行。

6. 加强对第三方合作伙伴的管理

学校往往与各类第三方进行合作，包括教育科技公司、云服务提供商等。在合作过程中，要加强对第三方的信息安全管理，确保合作伙伴不会产生漏洞。

（四）信息安全管理面临的挑战与对策

1. 不断演进的网络攻击手法

网络攻击手法不断演进，新型的网络威胁层出不穷。学校需要不断更新技术手段，引入先进的网络安全设备，提高其应对新型攻击的能力。

2. 人为因素的不可忽视性

人为因素是信息安全的主要威胁之一，包括员工的不当操作、泄密行为以及社会工程学攻击等。为应对这一挑战，学校需加强对员工的信息安全培训，提高他们的安全意识，并建立健全的权限管理制度，确保每个人的操作都在规定范围内。

3. 复杂多变的技术环境

随着科技的不断发展，信息技术环境日益复杂多变。新兴技术的引入可能带来新的安全隐患。为此，学校需要建立信息安全的技术研发团队，及时关注新技术的安全性，确保学校信息系统在技术上始终保持领先水平。

4. 法规合规压力增大

随着信息泄露事件的频发，政府和社会对信息安全的法规合规要求越来越高。学校需要建立健全的信息安全管理体系，确保符合相关法规的要求，减少因不遵守法规带来的风险。

5. 面临的新型威胁

随着物联网、人工智能等新兴技术的普及，学校面临的威胁也将更加复杂和多样化。学校需要加强对新型威胁的研究与防范，不断提升信息安全的综合能力。

（五）未来发展趋势

1. 强化大数据与人工智能在信息安全中的应用

未来，大数据与人工智能将成为信息安全领域的重要工具。通过大数据分析，学校可以更好地发现潜在威胁和风险，人工智能技术可以用于实时监测异常行为，提高信息安全的预警和应对能力。

2. 推动区块链技术在信息安全中的应用

区块链技术的去中心化、不可篡改的特性使其成为信息安全领域的有力工具。未来，学校可以考虑将区块链技术应用于学生信息管理、成绩认证等方面，提高信息的透明度和可信度。

3. 强调网络安全文化建设

信息安全不仅仅是技术问题，还涉及组织文化和员工素养。未来，学校需要加强网络安全文化建设，通过营造积极的信息安全氛围，推动每个成员都成为信息安全的守护者。

4. 建立跨部门的信息共享机制

信息安全管理涉及多个部门和多个业务系统，未来的发展趋势将强调建立跨部门的信息共享机制。通过各个系统之间的信息共享，实现信息的及时传递和统一管理，提高整体的信息安全水平。

5. 推动信息安全教育的深入发展

信息安全教育将成为未来信息安全管理的重要方向。学校需要在教育体系中加入信息安全教育课程，提高师生的信息安全素养，培养更多的信息安全专业人才。

信息安全管理与风险防范是高校信息化建设中至关重要的环节。随着科技的不断发展和新型威胁的涌现，学校需要不断升级自身的信息安全管理体系，采用先进的技术手段，强化员工的安全意识，以应对日益复杂的信息安全挑战。只有在全员参与、技术支持、法规合规的基础上，学校才能建立起坚实的信息安全防线，确保教育教学信息的安全稳定。

三、教育信息化发展策略的制定与实施

随着信息技术的迅猛发展，教育信息化已经成为推动教育变革和提升教学质量的重要因素。制定和实施科学的教育信息化发展策略对高校高效利用技术资源、提升教学水平具有重要意义。本部分将探讨教育信息化发展策略的制定与实施过程，以及面临的挑战与应对措施。

（一）教育信息化发展策略的制定

1. 战略目标的明确

教育信息化战略的制定首先要明确战略目标。这些目标应该与学校的教育发展目标相一致，包括提升教学质量、促进学科融合、提高学生信息素养等。明确的目标有助于指导后续的战略实施。

2. 现状分析与需求评估

在制定教育信息化发展战略之前，学校需要进行现状分析和需求评估。了解学校当前的信息化水平、教师和学生的技术能力、硬件设施等情况，同时充分考虑未来的教育需求，以确定发展方向和重点。

3. 制订科学的技术规划

基于对现状的分析和需求的评估，学校需要制订科学的技术规划。这包括选择合适的硬件设备、教育软件、网络基础设施等，确保这些技术资源能够满足学校的教学和管理需求。

4. 教育信息化团队的建设

在制定教育信息化战略的过程中，学校需要建设专业的教育信息化团队。这个团队应该包括技术专家、教育专家、项目管理人员等，以确保战略的制定具有全面性和可行性。

5. 制订具体的实施计划

战略的制定需要伴随着具体的实施计划。这个计划应该包括时间表、预算、人员分工等方面的详细安排，以便学校能够有序地推进教育信息化的发展。

（二）教育信息化发展策略的实施

1. 师资培训与支持

教育信息化的成功实施离不开教师的积极参与和支持。学校应该开展师资培训，提高教师的信息技术水平，同时为其提供持续的技术支持，确保教师能够充分利用信息化工具进行教学。

2. 学生参与与素养培养

学生是教育信息化的直接受益者，因此在实施过程中应该注重学生的参与和培养信息素养。通过开设相关课程、组织信息技术竞赛等方式，培养学生对于信息技术的熟练应用和创新能力。

3. 教育资源的数字化与整合

实施教育信息化需要将教育资源进行数字化，并实现资源的整合与共享。这包括课程资源、教材资源、多媒体教学资源等。数字化的资源更易于管理和传播，有助于提高教学效果。

4. 创新教学模式与评价体系

教育信息化的实施应当推动教学模式的创新。通过引入在线教学、混合式教学等模式，提升学生的学习体验和参与度。同时，建立与之相适应的评价体系，更好地反映学生的综合能力和学科素养。

5. 建设智能化校园与管理系统

智能化校园建设是信息化发展的重要方向。通过引入智能化设备和系统，实现校园内的物联网互联互通，提高校园运行效率。同时，建设智能化管理系统，优化学校管理流程，降低管理成本，提高管理效率。

6. 加强网络安全与隐私保护

随着信息化的深入，网络安全问题日益凸显。学校在实施信息化时应加强网络安全建设，采取有效的防护措施，确保教育信息的安全性。同时，要重视学生和教师的隐私保护，建立隐私政策和安全标准，保障个人信息的合法使用。

7. 与产业合作与创新

教育信息化的实施需要与产业界建立紧密合作。与科技企业、互联网公司等合作，共同推动教育信息技术的创新和应用。通过产学研深度合作，能够更好地借鉴和引进先进的技术，提升学校信息化水平。

8. 监测与评估机制的建立

在信息化的实施过程中，需要建立监测与评估机制，对实施效果进行定期评估。通过定期的数据收集和分析，及时发现问题，对实施过程进行调整和优化，确保信息化发展与学校整体目标相一致。

9. 持续改进与创新

教育信息化是一个不断发展的过程，学校需要保持对新技术、新方法的敏感性，持续改进和创新。定期组织专题研讨、技术沙龙等活动，促使教师和管理人员不断学习和更新知识，适应信息化的快速变化。

（三）面临的挑战与应对措施

1. 技术设备更新换代的压力

随着技术的不断发展，原有的技术设备可能会迅速过时，需要不断进行更新换代。学校应建立科学的设备更新机制，确保设备的先进性和充分利用率，避免因设备老化而影响信息化发展。

2. 师资队伍的培养与储备

教育信息化需要有一支专业的师资队伍，而目前许多学校的师资队伍在信息技术方面仍存在不足。学校应加强师资队伍的培训和储备，吸引和培养更多具备信息化背景的教师。

3. 数据隐私与安全风险

随着学校信息化程度的提升，数据的收集和应用也会增加。然而，数据隐私和安全问题将成为一个不容忽视的挑战。学校应建立健全的数据管理与保护机制，确保学生和教师的数据安全。

4. 学科整合的困难

在教育信息化中，要实现不同学科的整合是一个较为困难的问题。学校需要制定相关政策，推动学科之间的合作与整合，确保信息化发展能够更好地支持多学科的教学和研究。

5. 信息化应用的不平衡

在实施过程中，可能出现信息化应用的不平衡现象，一些学科、班级或教师更容易接受和运用信息化技术，而另一些可能较为滞后。学校应采取措施，促使全校范围内信息化应用的均衡发展。

制定和实施教育信息化发展策略是学校信息化建设的重要环节。通过明确战略目标、分析需求、制订科学规划、建设专业团队等步骤，学校能够更好地推动信息化的深入发展。在实施阶段，注重师资培训、学生参与、资源整合、智能化校园建设等方面，确保信息化的全面推进。同时，面对挑战，学校需要加强师资队伍建设、数据隐私与安全风险管理等方面的应对措施，保障信息化发展措施的稳健实施。

参考文献

[1] 李洪霞.高等院校学生教育管理研究与实践 [M].北京：北京工业大学出版社 ,2021.

[2] 陈敏，张俊超.全球化时代的高校人力资源管理中国高等教育学会院校研究分会第四届国际学术研讨会暨年会论文集 [M].武汉：华中科技大学出版社 ,2012.

[3] 胡金木.高等院校教师教育教材班级管理与班主任工作 [M].北京：高等教育出版社 ,2023.

[4] 王瑜，贺燕丽.高等院校学前教育专业教材幼儿园组织与管理第 2 版 [M].北京：高等教育出版社 ,2023.

[5] 周川.当代高等教育研究新视野丛书院校研究与院校管理 [M].南京：南京师范大学出版社 ,2023.

[6] 邹宗峰，闫鑫.高等院校继续教育财经类系列教材管理信息系统 [M].上海：上海大学出版社 ,2023.

[7] 刘永华，赵艳杰.高等院校计算机教育系列教材局域网组建管理与维护第 4 版 [M].北京：清华大学出版社 ,2023.

[8] 成连华，刘黎.新时代高等院校大学生素质教育系列教材应急管理概论 [M].北京：应急管理出版社 ,2022.

[9] 周勇，胡冬群.高等院校小学教育专业系列精品教材小学班级管理第 2 版 [M].南京：南京大学出版社 ,2022.

[10] 余林.高等院校通识教育"十三五"规划教材大学生创业与创业管理 [M].北京：人民邮电出版社 ,2021.

[11] 贾德芳.普通高等院校创新创业教育规划教材创业团队建设与管理 [M].北京：清华大学出版社 ,2021.

[12] 程志龙，程志杰，王成刚.高等师范院校学前教育专业核心课程教材幼儿园管理 [M].合肥：安徽大学出版社 ,2021.

[13] 赵晓明 . 音乐艺术院校高等教育管理探究 [M]. 哈尔滨：哈尔滨工程大学出版社 ,2017.

[14] 庹国柱 . 高等院校经济与管理核心课经典系列教材北京市高等教育精品教材保险学第 10 版 [M]. 北京：北京首都经济贸易大学出版社 ,2021.

[15] 聂明建，张海清 . 普通高等教育农业农村部"十三五"规划教材全国高等农林院校"十三五"规划教材种子法规与管理 [M]. 北京：中国农业出版社 ,2021.

[16] 兰琳 . "主体教育管理理论"下的高等职业院校教学管理工作实务 [M]. 吉林：吉林出版集团股份有限公司 ,2020.